1日2回のチャートチェックで

手堅く勝てる兼業FX

田向宏行 Tamukai Hiroyuki

リスクを抑え毎月5％のリターンを狙う実戦力

自由国民社

- 本書はFX（外国為替証拠金取引）の概要および投資の参考情報の提供を目的にしたものです。本書の内容に関しては万全を期すように注意を払いましたが、それを保証するものではありません。
- 本書の情報を利用した結果生じたいかなる損害、損失についても、著者、出版社および本書製作の関係者は一切の責任を負いません。投資の最終判断はご自身の責任でお願いいたします。

はじめに
「FXで利益を得る」ことは相場を予想することではない

■ 予想を当てたいのか、マネーを得たいのか

　本書を手に取っている方は、FXで儲けようとしている人だと思います。FXはレバレッジを使えますし、お金を働かせることができるので、自分が労働するより多くのリターンを生んでくれます。ただし、それは「FX取引が上手であれば」、という限定条件がつきます。FX取引ではトレード資金を増やせば大きなリターンを得られる反面、下手な人はいくら資金をつぎ込んでも戻っては来ません。

　そこで多くのFXトレーダーは相場を当てようとします。相場の先行きが読めれば、上がる前に買って、利益を積み上げ、下げ始める前に売り抜けて、大きな利益を手にできる、と考えます。トレードをしている人同士の会話でも、「あの人はよく当たるよね」とか、「あの人は全然当たらない」ということがよくあり、「相場を当てる」ことが重要と思われています。

　この考え方は、半分が正しく、半分は間違っています。

　間違っている部分は、「相場の先行きが読めれば」とか、「相場を当てる」という部分です。

　相場の先行きを読んだり、相場を当てることができる人はいなくても、相場から利益を得ている人はいっぱいいます。

　このように書くと矛盾しているように思われるかもしれません。そこで、「相場を当てる」ということと、「FXで利益を得る」ということを整理して考えてみます。つまり相場の先行きがどうであろうと、例えば、上がろうと、下がろうと、取引上手ならFX取引で利益を得られる方法がある、ということです。そして、そうしたFXで利益を得る取引方法には様々なやり方があります。

　本書では、こうしたFXで利益を得る方法について、私の考え方をご説

明していきたいと思います。

■FXは「技術」さえ習得すれば小学生でもできる

　私は、FX取引は技術だと思っています。FXを始めて10年が経ちますが、この考え方はずっと変わりませんし、それが正しいと思っています。

　その一例が私がトレードを教えた小学生です。彼は友人の息子で、父親（彼はダディと呼びますが）のFX取引を見ていて興味をもって、少しずつマーケットに近づいてきました。小学生ですから経済も国際情勢もわかりません。ただ父親に言われた通り、チャートがサインを出したら父親に教えるのが最初の仕事でした。そうしてチャートを見ていくうちに、いろいろな通貨ペア、いくつかの時間軸でサインを探すようになり、さらには、父親の口座で取引もするようになりました。結果、テクニカルしか知らない小学生でも、十分に利益を得ることができました。小学生の毎月のお小遣いの数十倍から100倍ぐらいを稼ぐことができたのです。

　このことは私の考えを裏付ける大きなきっかけとなりました。金融政策や、政治経済情勢を知らなくても、チャートの形を何度も反復して覚えるだけで、一定の利益を得ることができるのだ、ということです。もちろん、損もします。しかしそれは決められた損切りをするだけのことです。普遍性のあるテクニカルを正しく使えば、一定の収益が得られるのです。

　これは小学生だけではありません。私は何人かのFXを始めたいという友人にも同じようにテクニカルを教えますが、素直に言われた通りのことを繰り返す人は、時には損切りしつつも最終的には利益が残っています。つまり、FXはテクニカルを使うことで一定の確率で利益を得ることがで

き、テクニカルを使う技術を身に着けることが、利益につながるということです。

本書では、この後段階的に取引技術を身に着ける方法をご紹介していきます。

■これから1年間、何度も繰り返し使う本

本書は、手に取って頂いた今日からほぼ1年ぐらいを目安に、各段階で時間をかけて練習しながら、1冊を読んで頂ければと思っています。それはこの本をFX取引の技術を伝えるための本としているからです。

このため、途中で開いたままにしておけるように、出版社にお願いして通常の投資本とは違う横書きにして頂きました。各項目で広げたり、誌面のチャートを実際のモニターのチャートを見比べたりしながら使えるように、という趣旨です。

FXの元となっている為替市場は、1日に500兆円以上が取引される世界最大の金融市場です。参加者も私たちのような個人投資家を末端に、銀行やヘッジファンド、時には各国政府機関が巨額の資金で取引に参加しています。また貿易決済でも為替は必ず必要なので、この市場がなくなることはありません。

今の利益、目先のお金欲しさに焦って思い付きで取引して資金を失うのではなく、本書と共に1年ぐらい時間をかけて、利益を得るための取引技術を身に着けていくことが、2年先5年先の大きな収益や生活の変化につながるのではないでしょうか。

サッと一度読んで終わるのではなく、1年ぐらいかけてボロボロにしながら使った方が、結果的にFXでお金を得る方法を身に着けられるようになると思います。

■1年後に毎月10万円の収益を目指す

　本書はテクニカルを正しく基本通り使い、FXトレーダーとして段階的に進歩して、1年後には毎月10万円ぐらいを安定的に得られる技術を身に着けることを目標としています。

　毎月10万円を得るためには、原資として100万円からできれば200万円以上が望ましいのですが、200万円の資金だとしても、毎月10万円のリターンなら月間の利回りは5％、年利なら60％となる、高利回りです。こんな金融商品は他にありません。

　ただし、これは最低でも1年間続けて、FX取引の技術を身に着けた結果ということです。

　そして、本書で書かれているのは基本的なことなのに、なぜ多くのFX参入者がこうした利回りを達成できないかと言えば、地道な練習や単調な取引の繰り返しより、一攫千金的な、起死回生的な取引を好む人が多いからに他なりません。

　私がこの10年間に出会ったFXで着実に利益を得ているトレーダーに共通しているのは、テクニカルを使い、自分の決められたことを淡々と繰り返すことです。

　これを「自分の取引スタイル」とか、「自分の手法」などと呼びますが、要するに、自分が収益を得られる方法をひたすら繰り返す人が収益を増やすことに変わりはありません。

　私は毎日ディナポリチャートの分析レポートも書いているので、こうした日々の動きを参考としつつ、1年後に目標を達成できる技術を身に着けて頂ければ、著者として最大の収穫だと思っています。

2017年11月末

田向宏行

もくじ

PART 1
ファンダは捨て テクニカルだけで判断する

1 　ファンダメンタルズと決別する
FXの利益は技術の習得で決まる …………… 12

2 　現実は単純なファンダ通りには動かない
必要なのは世間話的な知識ではなく「技術」…………… 14

3 　他人の意見・報道はアテにならない
市場の情報や思惑に流されない …………… 18

4 　チャートが先に動く
市場の憶測よりも値動きを重視する …………… 24

5 　市場の主流の動きに従う
予想しなくても利益を得ることはできる …………… 30

6 　値動きの事実に従って取引する
パターンで取引できれば勝てるようになる …………… 34

7 　値動きを優先して学ぶ
大きな波に逆らわないポジションを取る …………… 38

PART 2
ローソク足で売り手と 買い手のバランスを見る

1 　目的をはっきりさせる
売り手と買い手の攻防はチャートに描かれる …………… 44

2 勝つための手段を身に着ける
単純なテクニカルを繰り返し使う ……… 50

3 数円規模の利益を得るために必要なこと
FXの取引データは「値動き」だけ ……… 52

4 買い手と売り手の力関係や強弱がわかる
値動きの基本はローソク足 ……… 54

5 始値や終値との関係を重視する
転換を示す「上ヒゲ」「下ヒゲ」 ……… 56

6 トレーダーなら値動きに乗る
高値・安値を超えたらエントリーする ……… 62

PART 3
ダウ理論でトレンドの始まりと終わりを見つける

1 適切な損切りと相場分析が可能になる
相場分析で最も重視すべき基本を知る ……… 66

2 身に着ければずっと使える
「長く使われている」手法は現在でも通用する ……… 70

3 テクニカル分析の大前提を再確認
思惑で取引しないために客観的事実を重視する ……… 72

4 実際の値動きで検証
値動きにはすべての要因が織り込まれる ……… 76

5 レンジの中にもトレンドはある
トレンドの種類には短・中・長がある ……… 82

6 最優先すべき「買いどき」
トレンドの中盤が最も簡単で儲かる相場 ……… 88

7 「マーケットの慣性の法則」を利用する
トレンドは終了サインが出るまで続く ……… 94

8 慣性の法則をトレードに生かす
高値・安値更新でエントリー ……… 100

9 トレンドの条件が崩れる場面を考える
押し目買い・戻り売りは設定ミスのリスクあり ……… 104

10 高値と安値を追いかける
トレンドの転換点で利確・損切りをする ……… 112

PART 4
移動平均線を使って
トレンドの中盤を明確にする

1 目的は値動きの分析
値動き分析を基本にテクニカルを追加する ……… 120

2 利食いの目安としても使える
取引すべき相場をわかりやすくする ……… 122

3 誰もが使う「21」を使う
トレードでは多くの人が使うものを利用する ……… 128

4 大小の動きが同時にわかる
違う時間軸の21SMAを同じ時間軸に表示する ……… 132

5 実際の値動きで検証
複数の移動平均線の上・下抜けが狙い目 ……… 134

6 時間軸を変えると景色も変わる
今後のシナリオを検証してみる ………………… 138

PART 5
トレンドに入るタイミングがわかるディナポリ

1 特殊な移動平均線DMA
コツをつかむと使いやすいディナポリ ………………… 146

2 トレンドに入るタイミングをつかむ
ダウ理論と同様にトレンド・フォロー向け ………………… 148

3 SMAの弱点を補う移動平均線
SMAを「未来」に先行させたDMA ………………… 150

4 3×3DMA抜けで戦略を立てる
ダウ理論との併用で確率を高める ………………… 154

5 21SMAの騙しを回避する
トレンドの反転を示す25×5DMA ………………… 156

6 ストキャスティクスは使わない
動きに敏感に反応するディナポリMACD ………………… 159

7 ディナポリを加えて確率を高める
3本の移動平均線を抜けたらエントリー ………………… 161

8 決してテクニカルは万能ではない
ディナポリが手を出さないマーケット ………………… 165

9 日足・週足で戦略を立てる
兼業トレーダーは1日2回のチェック ………………… 169

PART 1

相場の真実

ファンダは捨てテクニカルだけで判断する

FXで勝てない人に共通するのは、相場を予想したり、自分の都合の良いように解釈して、判断基準を持たずに取引してしまうという点です。これを改善するためには、相場で唯一の真実である「値動き」を分析することが一番の近道です。本章ではその理由を解説していきます。

相場の真実 1

ファンダメンタルズと決別する

FXの利益は技術の習得で決まる

儲けへの道

取引タイミングの見極めが最重要

普遍性のある取引チャンスを探す

　FX取引は、技術だと考えています。「技術」ということは、反復練習することで、誰でもある程度の利益は得られるようになる、ということです。

　反復練習するためには、同じ値動きのパターンが起こらなければなりません。つまりチャートの形においてパターンを探すためにテクニカル分析を使うのです。為替マーケットの値動きを元にしたチャートや、チャートに表示させるテクニカル分析ツール（インディケーターとも言います）で同じ形、同じパターンから、普遍性のある取引チャンスを探すのがテクニカル分析です。

　ただし、テクニカル分析を使っても、ときには上手く行かず、損切りさせられる場合も起こります。そうだとしても、パターン化したトレード方法は、成功と失敗の取引を確率的に計測することができます。これにより、初心者が始めても、繰り返し練習することで高い確率で

同じパターンで反復練習をする

図-1

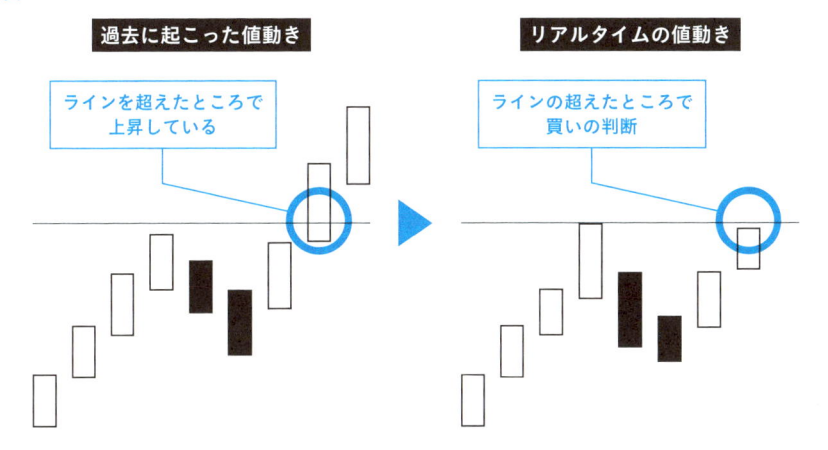

過去に起こった値動き

ラインを超えたところで上昇している

リアルタイムの値動き

ラインの超えたところで買いの判断

利益を得る取引方法を「技術」として習得できるわけです。

　実際、私の知る個人投資家で多くの利益をマーケットから得ている人たちは、テクニカル分析を使っています。極超短期取引のスキャルピングから、日足や週足を使った数週間から数か月かけてのトレードまで、取引技術は様々ですが、少なくともファンダメンタルズを元に取引してはいません。

　FXで利益を得ようと思うなら、**まずファンダメンタルズを考えることから決別して、テクニカルをベースとした技術を身に着けることが重要なのです。**金融機関出身の元ディーラーや、ときには個人投資家もファンダメンタルズに言及しますが、それは相場を説明するためであって、ファンダメンタルズだけで取引しているとは考えにくいでしょう。なぜなら、FX取引は「どこで入って」、「どこで出るか」がすべてです。この取引のタイミングを測るにはテクニカルのほうが適しているからです。

　FXで、利益を得たいのか、相場予想を当てたいのか、まず自分が何を目的にFX取引をするのかを明確にしておく必要があります。

相場の真実 2

現実は単純なファンダ通りには動かない

必要なのは世間話的な知識ではなく「技術」

儲けへの道
> トレードして利益を得ることを優先する

ファンダメンタルズで相場は動かない

　ファンダメンタルズが何か、と言われてあなたは明確に説明できるでしょうか？

　一般に「経済の基礎的要件」などと説明されますが、それが実際に何を指すかはわかりにくいのではないでしょうか。株であれば「個別企業の業績や業界動向」がファンダメンタルズですが、FXでは中央銀行の金融政策ぐらいしか考えにくいでしょう。

　一方で、現実に「ファンダメンタルズ」と言及される際には、金融政策だけでなく、中央銀行の人事、総裁や副総裁などの要人の発言、経済指標の結果、突発的な事件や事故のニュースまで「テクニカル以外のもの＝ファンダメンタルズ」として、ひとまとめに説明されていることが多いのではないでしょうか。

　特にテクニカルを自分のモノにしていない人は、世間話的な"ニセ"のファンダメンタルズに走りがちです。これは金融機関に在籍してい

三度の利上げ後の値動き

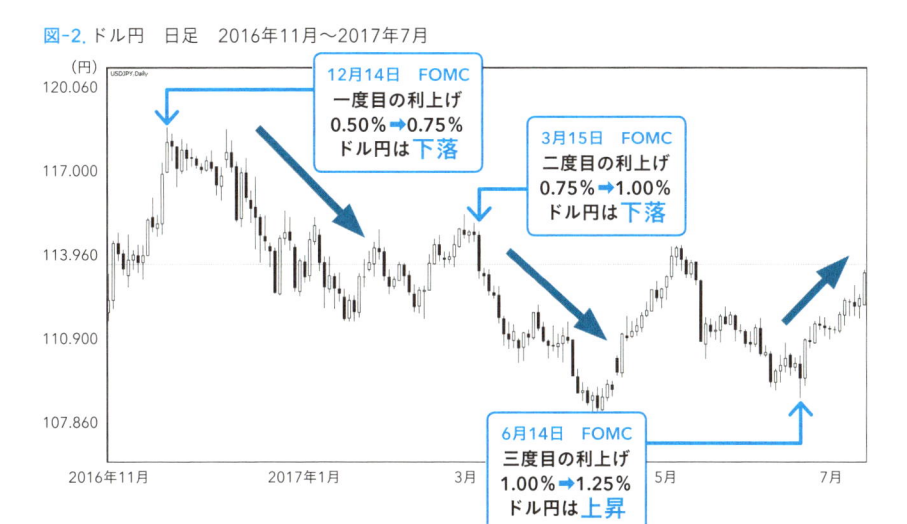

図-2. ドル円　日足　2016年11月〜2017年7月

12月14日　FOMC
一度目の利上げ
0.50% ➡ 0.75%
ドル円は 下落

3月15日　FOMC
二度目の利上げ
0.75% ➡ 1.00%
ドル円は 下落

6月14日　FOMC
三度目の利上げ
1.00% ➡ 1.25%
ドル円は 上昇

たプロが語る「ファンダメンタルズ」とは似て非なるものです。

セオリーと一致しない利上げ後のドル円上昇

　図－2のチャートは2016年11月末から2017年7月のドル円日足です。

　この間に米国の金融政策を司るFRBは、FOMC（連邦公開市場委員会）で3回の利上げを決定しました。

　政策金利の引き上げは、金融引き締めですから、ファンダメンタルズから考えれば、ドルが買われ、ドル円は上昇するはずです。

　しかし、実際にマーケットでの値動きは、12月14日にFRBが利上げを発表すると、上昇しますが、翌15日が高値でその後ドル円は下落します。そしてこの12月の高値に戻すことなく翌年3月15日の利上げの後も下落。これはファンダメンタルズのシナリオと一致しません。

　ところが、6月14日の利上げの後は一転して上昇しました。

ファンダメンタルズに従って利上げで12月に118円付近で買ったら、4月の108円ぐらいの安値まで10円耐えるか、早々に損切りしなくてはなりません。これは3月の利上げでも同じです。

　ドル円は円側の事情もあって下げたかもしれないので、ドル円だけでなく、同じ期間のユーロドルの動きも見てみましょう（図−3）。

　こちらも12月と3月はドル円と同様に、政策金利を引き上げているのにドルは売られ、ユーロドルは上昇しています。そして6月14日のFOMCでは、ドル円は上昇してドル買いになりましたが、ユーロドルは引き続きドル売りでユーロドルが上昇しています。

　上記の期間のドル円とユーロドルの動きは、金融政策のような代表的なファンダメンタルズ要因と、値動きの間に明確な関連性を見出すことができません。

　こうした値動きの後、「利上げが織り込まれていたから上がらなかった」、「すでにみんな利上げを見込んでドルを買っていたから、セル・ザ・ファクトでドルが売られた」というような解説がされます。

　結果的にはそうした解説の通りなのかもしれません。しかし自分のお金を使ってトレードする個人投資家としては、結果が出た後で解釈を加えられても意味がありません。**大事なのはトレードして利益を得ることで、そのための分析手段やツールを持ちたいのです。**こうした現実の値動きを見ると、FXで利益を求めるなら、潔く、ファンダメンタルズとは決別し、テクニカルでトレード技術を磨くことに専念するほうが良いということです。

　少なくとも収益が安定しないうちは、テクニカルを学ぶことを最優先にすべきです。そうでないと、素人の一貫性のないファンダメンタルズ分析ではいずれ資金が底を尽き、FXから退場することになるからです。金融機関でトレードしていた人たちと同じことを、兼業の個人投資家にできるとは思わないほうが良いでしょう。

三度の利上げ後の値動き②

図-3. ユーロドル　日足　2016年11月〜2017年7月

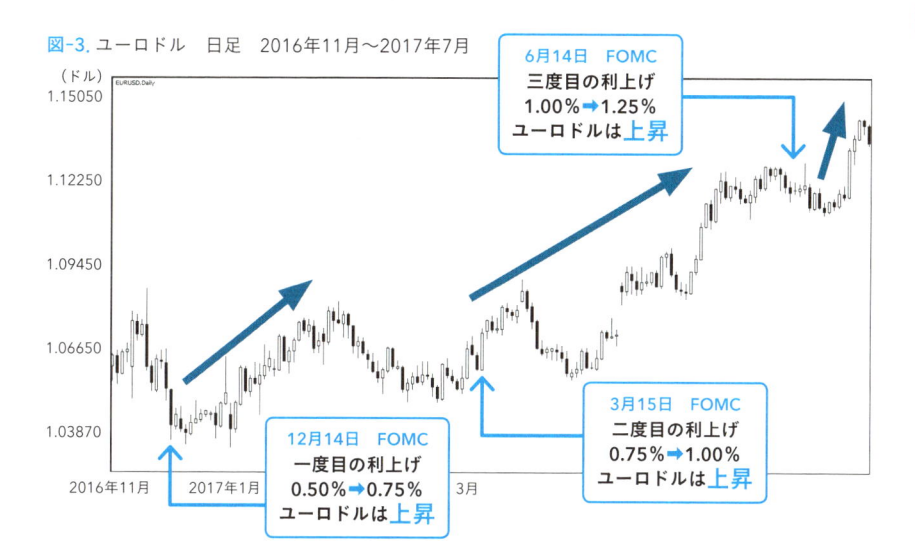

- 12月14日 FOMC
  一度目の利上げ
  0.50% ➡ 0.75%
  ユーロドルは**上昇**

- 3月15日 FOMC
  二度目の利上げ
  0.75% ➡ 1.00%
  ユーロドルは**上昇**

- 6月14日 FOMC
  三度目の利上げ
  1.00% ➡ 1.25%
  ユーロドルは**上昇**

ファンダメンタルズはセオリー通りに動かない

図-4

ファンダメンタルズのセオリー
FRBなど**中央銀行**の利上げ
＝
金融引き締めとなるため、当該国通貨は買われる

➡

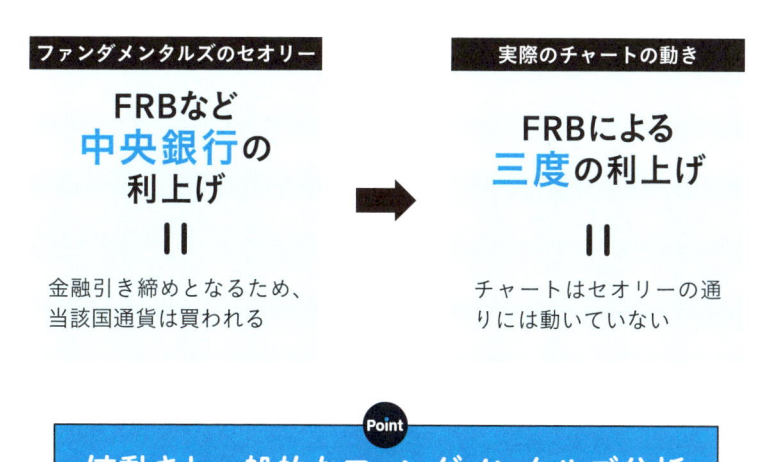

実際のチャートの動き
FRBによる**三度**の利上げ
＝
チャートはセオリーの通りには動いていない

Point
値動きと一般的なファンダメンタルズ分析との関連性は短期的には薄い

1 ファンダは捨てテクニカルだけで判断する

相場の真実 3

他人の意見・報道はアテにならない

市場の情報や思惑に流されない

儲けへの道
事実で判断する視点が重要

トランプ氏当選なら、100円割れの円高予想

　こうしたファンダメンタルズや市場の思惑に頼ると痛い目に遭う、という良い例が2016年11月の米国大統領選挙だったのではないでしょうか。

　2009年1月から2017年1月までの2期8年は民主党オバマ大統領でしたが、その次の第45代合衆国大統領を選ぶ選挙は、民主党ヒラリー・クリントン候補と、共和党ドナルド・トランプ候補の対決となりました。

　当初マスコミはクリントン候補の優勢を伝え、政治経験のない破天荒なトランプ候補が大統領に当選したら、経済は混乱し、株は売られ、ドルも売られ、リスク回避から円高になるとの論調でした。

　FXに焦点をあてると、もしトランプ氏が当選なら、ドル円は100円を割れるような激しい円高になるだろう、という予想が主流で、多く

当たる確率が4分の1の相場予想

図-5

トランプ氏当選 ↓ ドルが買われ **円安**	トランプ氏当選 ↓ ドルが売られ **円高**
クリントン氏当選 ↓ ドルが買われ **円安**	クリントン氏当選 ↓ ドルが売られ **円高**

どちらが当選し、どのように相場が動くかを予想すると単純な**確率は4分の1となる**

のエコノミストやトレーダーもこうした発言をしていました。

　ここで大事なのが**事実で判断する視点**です。冷静にこの動きを考えると、最初の選挙結果の仮説（トランプ氏当選）が起こる確率は当然2分の1です。さらに、その先の為替相場の動き（ドル売り）が2分の1だとすれば、「トランプ氏が当選なら円高」が当たる確率は4分の1です。逆に当たらない確率は4分の3もあるわけです。

　こんなに確率の悪いものに資金を入れるなど考えられないことですが、何気なく読む相場の思惑や情報に流されると、往々にしてこうしたことをしているわけです。

　これは大統領選挙だけでなく、普段ニュースやツイッター、ブログなどFXの情報収集をするなかでもありがちで、**市場の思惑をいろいろ見聞きしていると、それが確定的なことのように思えてしまいます。**

　冷静に考えれば、その時点では白黒がハッキリしない、丁半博打ともなる選挙結果を予想し、その上で、さらに相場がどのように動くか

を予想しているのに、何度も同じような情報を見聞きしていると、そうなることが既定のように思えてしまいがちです。

　すると、「もしトランプ氏が当選なら」という選挙結果という仮説の上に、さらに「円高になるだろう」というFXマーケットの値動きの仮説を立てていることを忘れてしまいます。

「洗脳」とまでは言いませんが、人間は流されやすいものです。特に自分に明確な判断基準や見通しがないと、多く目にする情報に自然と流されやすくなります。だからFXで生き残るためには、自分の取引スタイルや判断基準が必要なのです。本書では、その基準としてテクニカル分析を提案しています。

　では現実がどうだったのか、大統領選挙前日からのドル円の動きを1時間足で見てみます（図-6）。

結果発表後、4時間で4円下落した

図-6. ドル円　1時間足　2016年11月8日～14日

当初はヒラリー候補優勢と共にドル買いですが、選挙という不確定要素を控えあまり動きません。その後トランプ候補優勢が伝わり、トランプ大統領の誕生が決定的になると、105円台から101円台へ4時間で4円の急落を演じます。ここで多くの人が勢いで売ったのではないでしょうか。

　しかしその後は101円を割らずに上昇が続き、図－7の日足にあるように12月15日には118円台まで上昇します。

約17円上昇したドル円

図-7. ドル円　日足　2016年10月〜12月

12月15日 118.661

約17円の上昇

11月9日 101.184

「トランプ当選なら円高って言ったヤツは誰だ！」

　これはトランプ当選後に17円もドル円の上昇する局面で何度もツイッターに流れてきたツイートです。

おそらく、トランプ候補当選なら円高という確率４分の１の相場予想に乗ったのでしょう。ただ、その悲痛な叫びから結果は大きな損失になっただろうことが想像できます。

４分の３が負けるギャンブル

この選挙の動きでも予め戦略を持っていた人、本書でこの後説明するダウ理論や移動平均線などテクニカルの基本を正確に知っていた人は、もし売っても適切な損切りを置けたはずで、その後の反転でも損失は限定的だったはずです。

詳細は追って本書の中で説明していきますが、少なくとも日足チャートでは、チャートを読む技術があれば、売る理由はどこにもありません。

図－８を見るとドル円は2016年６月24日のブレグジットの安値（98.907）が底になっていて、その後は８月16日（99.541）、９月22

ディナポリチャート

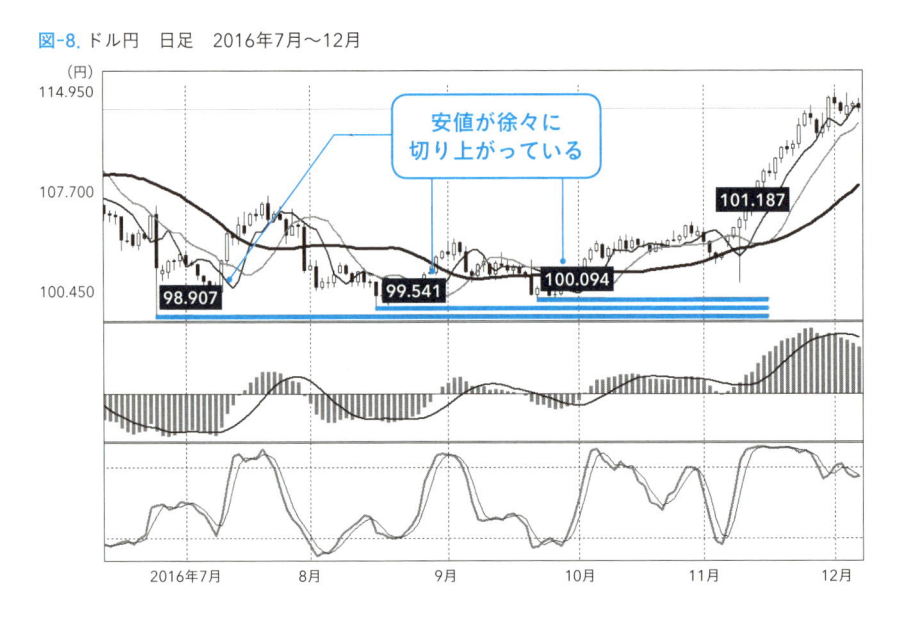

図-8. ドル円　日足　2016年7月〜12月

日(100.094)と安値を切り上げていて、ディナポリ日足チャートも9月から上昇の可能性を示しています。大きな流れは上向きなのです。これは図－9の移動平均線を表示させたチャートでも同様です。ドル円が下がるなら、まず9月22日安値を下抜けなければなりません。

　つまり「トランプ氏当選なら100円以下の円高」に賭けて大きなポジションを売った人は、チャートを読み取る技術がなかったために、トレーディングをすることなく円高に賭けたわけです。つまりギャンブルです。それも確率4分の3が負けるギャンブルです。

　このように何気なく読んでいる相場情報が、あなたを確率の低いトレーディングに誘い込む罠になっていることがあります。市場の思惑や情報に流されず、自分の判断基準を持つことがFXでは最も重要な生き残り戦略です。

移動平均線を入れたチャート

図-9. ドル円　日足　2016年7月〜2017年1月

ブレグジットの98.907を底に切り上げ続けた

21単純移動平均線

相場の真実 4

チャートが先に動く

市場の憶測よりも値動きを重視する

儲けへの道

事件よりも相場の
大きな流れについていく

テロの前からドルは売られていた

　私がメディアや他人の相場予想の代わりに重要視しているのが、現実の値動きであり、その結果の集積と言えるチャートです。

　ここでは、私が強く印象に残っている歴史的事件を3つあげて、そのときのドル円相場がどうであったかを値動きで見ていきながら、チャートの時間的普遍性と予期せぬ事象への反応を検証します。

　過去の印象的な事件のとき、なんとなく思っていた記憶やイメージと、現実のチャートを見比べることで、自分の記憶や思惑という漠然としたものと、過去の値動きという事実を比べ、どちらに従うべきかを考えてみましょう。

　最初は2001年9月11日火曜日、911の米国同時多発テロです。

　当時、夜の22時前に帰宅してテレビをつけたところ、画面にはNYのワールドトレードセンターの火災が映し出されました。「大変な事件が起こったな……」と思っていたところに、小さな飛行機が炎上

しているビル（北棟）の陰に入ったかと思うと、南棟で爆発しました。私はリビングルームに立ちつくしていました。このときのことは今も鮮明に覚えています。

　これは米国本土が歴史上初めて攻撃された瞬間です。一般的に戦争やテロが発生するとマーケットは「有事のドル買い」の傾向があるとされていますが、このときは「有事のドル売り」となりました、と解説されています。つまりこのテロが「ドル売りの開始地点になった」と認識されているのです。

　ところが、図−10の日足チャートでこのときの値動きを見ると、なんとドルはこのテロの前から売られています。ドル円ではすでにドル売りで下げているところに、テロが発生して下げ足を早めた展開でした。

　ここで示したチャートは、後に詳述するディナポリ・チャートの日

911テロ発生時のチャート

図-10. ドル円　日足　2001年7月13日〜10月5日

足ですが、ドル円は、8月から下落に転じていて、9月11日に買っていた人は損をしたでしょうが、チャートに従って売っていた人は利益が得られたはずです。つまり、米国が攻撃されたからドル売りになったのではなく、すでにドルは売られる流れがあった、ということを値動きが示しているのです。

　こうした事件や事故の事例をあげると、不謹慎だという方もいますが、それが金融マーケットというもので、誰かが損するから、誰かが儲かる世界です。FXをするなら、自分が儲かる側に回らないと、市場に自分がせっかくこれまで稼いで貯めてきたお金を放出するだけで終わってしまいます。
　また、こうした事件や事故は、今後も起こり得ますし、こうした突発事件と思われることが、実はチャートではそうではない、ということを知ってほしかったので例示しました。

チャートに従っていれば利益を出せていた

　同様の事例は、2008年9月15日月曜日にもあります。これは米国で大手金融機関の1つ、リーマンブラザースが破綻した日です。いわゆる「リーマンショック」がここから始まります。
　911の例と同様に、これも同じドル円の日足チャート（図−11）を見ると、9月の始めからドル円は下落の動きを示しています。当時ドル円は111円前後ですが、リーマンショックでここから2011年の75円まで下落していく動きが始まります。
　このリーマンショックも、9月15日にリーマンブラザースが破綻する前に、ドルは売られていますし、チャートは下向きになっています。チャートに従っていれば大損を回避できるだけでなく、利益を追求することができました。
　リーマンショックを発端にドル円が下げていくのは事実ですが、実際はその前週ぐらいからドル円日足チャートは下げ始めています。

リーマンショック前後のチャート

図-11. ドル円　日足　2008年8月〜11月

2008年9月15日

　当時は3月に同業のベアスターンズが破綻した際に救済されていたので、「リーマンは危ないけど救済されるだろう」とか、「さすがにこの規模の米国金融大手が破綻すると影響が大きいから政府が手を打つだろう」などの相場予想や思惑もありました。しかし、結果は歴史が示す通りです。

思惑を真実と証明する方法はない

　そして、最後の事例は、誰もが予想も想定もしていなかった、2011年3月11日金曜日です。日本時間の14時46分でした。
　東日本大震災はまさに何の予兆もなく発生しました。
　私は東京・渋谷のビルの一室に友人2人といてFX談義をしていましたが、これまで経験したことのない揺れで、「このビルもヤバイかも」と真剣に思いました。この部屋の中で最も強固な部屋はどこだろうと見渡したことや、その後みんなで階段を駆け下りて建物の外に出たこ

とを鮮明に覚えています。

　このときのドル円は、地震発生が東京時間の午後でしたし、被災状況もわかっておらず、マーケットは2010年から続く80円から84円ぐらいのこう着相場（レンジ相場）の中にいました。

東日本大震災前後のチャート

図-12. ドル円　週足　2010年8月〜2011年7月

　図-12を見ると週足では依然ドル円は下向きで、3月11日はそんな中で訪れました。ただ、日足では先ほどの911やリーマンショックほど明確なサインが出ていません。週足の大きな流れの中では、下向きの動きが一旦こう着した状況でした。

　週が明け、週末にとてつもない被害状況が伝わると、為替市場は震災で被害を受けた日本の円が買われていきます。ファンダメンタルズ分析では、日本の巨額の保険費用に充てるため海外資産を売却して円

に戻す動きになるだろう、との思惑で円が買われたとか、リスクオフの円買い、という説明がされます。ただ、実際に海外資産が売却されたかどうかはわかりませんし、あくまで思惑を探ることでしか判断できません。

　為替市場は、取引所があるわけではないので、何処の誰がどれくらい取引したかはわかりません。また同様に、相場の思惑やあたかも真実のように語られることも、それを証明する方法はありません。こうした不確かなもので取引するなら、資金管理が上手でなければ、すぐに資金を失ってしまいます。

　上記の３例に共通するのは、**どの例も「事件よりもチャートが先に動く」という点を示しているということ**です。
　一時的な変動から憶測で相場予想をするより、値動きの事実に目を向けるほうがいいのではないでしょうか。

> マーケットの流れに従えば考え方はシンプルになります

相場の真実 5

市場の主流の動きに従う

予想しなくても利益を得ることはできる

儲けへの道

テクニカルを読み取る「技術」を身に着ける

流れを把握できれば予想する必要はない

　多くのトレーダーが様々な相場予想に振り回されるのは、FXで利益を得るには「先読み」が必要だと考えているからなのでしょう。でも、これは違います。

　まず、「未来は、誰にも予想できるものではない」と私は考えています。未来予想をしようとすると、米大統領選挙のような確率の低いことをしてしまいます。

　常識的に考えても、明日何が起こるかわからないのに、マーケットの値動きだけ未来がわかると思うのは幻想です。ネットで目にする相場情報は、巨大な為替市場のほんの一部でしかありません。それが本当なのかどうか、誰にも確信はないはずです。

　そんな不確定な誰かの相場予想を参考にするより、刻々と変わる市場の流れに乗ることが最も重要ですし、合理的です。

　先ほど、米国同時多発テロ、リーマンショック、東日本大震災の3

つの例を出しましたが、これらを予想できた人はいませんし、そんな相場予測もありませんでした。

でも前のページを読み返し、チャートを見直してください。NY同時テロと、リーマンショックでは、事件が起こる前に相場はすでに動き出していました。この流れを見つけていれば、その時点では何が起こるか予想できていなくても、結果として利益を得ることはできているのです。

利上げ予想せずに800pipsの利益

もう1つ、こうした事例を出してみましょう。図-13のチャートは2017年8月から9月のポンド円です。前回同様にディナポリ・チャートの日足を出しています。

ポンドは振れ幅が大きく、上手くいけば爆益ですが、失敗すれば大

売りで4円、買いで8円をゲット

図-13. ポンド円　日足　2017年8月〜9月

きな損になりやすく殺人通貨とも言われます。そうしたボラティリティの高い通貨ペアでも、チャートを読み取ることができれば、大きな利益を得ることができる例です。

　私は、このときは売りで約4円の利益、買いで約8円の利益になりました。

　まずは8月8日のメールマガジン（※西原宏一メルマガにテクニカル解説を毎日書いています）に書いているように144円を割れると、チャートは下げる可能性を強く示すことになります。

　このため、ここで売ると、8月24日の139円台の安値まで約4円の利益が得られたことになります。

　その後はしばらく方向感がないので、チャートが手を出すなと言っていて様子見になりますが、9月11日には再び買いのチャンスであることを示してきます。このときは143円ぐらいでした。

　私がポジションを持った当初は、前回（8月）の売りと同様に3円か4円の利益が得られればいいと考えていました。しかし9月14日のＢＯＥ（英国中銀）の金融政策委員会で利上げ賛成票が増えるというサプライズで急騰して9月21日には152円台まで上昇しました。私は143円台で買い151円台で利益確定したので8円弱の利益です。

　重要なのは、このポンド円の取引で、私がBOEで利上げ派が増えることを知る由もなかったことです。当時の資料を見ても、BOEの発表はサプライズでしたし、利上げ派が増えたくらいでこんなに動くと予想した人はいませんでした。しかし現実には動きました。そして、チャートはすでにその3日前から買いを示しているわけです。

　チャートを使いこなせるようになると、こうした不思議な現象には何度も出会うことになります。つまりチャートが相場に先回りしているかのようなことが起こるのです。

　私が事実の分析とは言いにくい確率の低い相場予想をあれこれ考えるより、値動きの事実であるチャートを分析して、市場の主流の動きに従うほうが、結果的に利益に結びつきやすいと考えるのはこうした

例をたくさん見ているからです。

トータルでプラスにすることを考える

ただテクニカルを使っても上手く利益を得られない人もたくさんいます。あのテクニカルが当たるとか、これは当たらないとか、テクニカル分析を占いのように使っている人は、「当たるテクニカル」を探すことに夢中で技術は習得できていません。

どんなテクニカルでも100％上手くいくものはありません。**例えば100回売買サインが出るうち、40回は負けることがあっても、残りの60回は勝てるテクニカルであれば、トータルではプラスにできます。つまり確率なのです。**確率の高いテクニカルは長い歴史の中で多くの人に使われているはずです。

それらを使っても勝てないのはテクニカルが良くないのではなく、**自分自身にテクニカルを読み取る「技術」が備わっていないだけなのです。**これから1年ぐらい、本書とともにFXの技術、チャートを読み取る技術を磨くことに専念してみてはいかがでしょうか。

技術を磨く

まずはチャートを読み取る技術を磨きましょう！

相場の真実 6

値動きの事実に従って取引する

パターンで取引できれば勝てるようになる

儲けへの道

チャートに従って素直に取引する

「事実」かどうかを判断基準にする

　巨大な為替市場には多様な参加者がいます。自分や自分の周りの情報とはまったく違う考え方をしている人もいるでしょうし、そうした人のほうが大きな資金を動かしている多数派かもしれません。

　こうしたマーケットで唯一、間違いない真実、値動きの事実があります。それは……

相場の真実

図-14

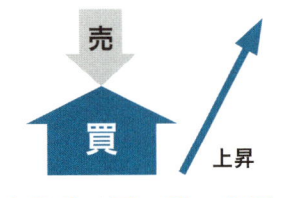

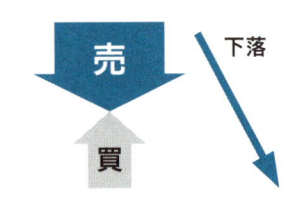

売り手＜買い手＝上昇　　売り手＞買い手＝下落

これだけです。

マーケットの値動きはすべて、売り手より買い手が多いから上がり、買い手より売り手が多いから下がります。そして、まさに売り手と買い手が拮抗した値段が高値であり安値であるわけです。

こうしたFXマーケットで唯一の事実の動きを示しているのが、値動きであり、その結果がチャートです。

値動きは世界中の為替取引の結果であり、売り手と買い手の値段の合致した経緯がチャートとして示されています。それはローソク足だったり、バーチャートだったり、折れ線だったりしますが、事実である値動きの推移を示していることに変わりはありません。

すべて値動きの推移を示す

図-15

11歳に学ぶFXで成功するポイント

2016年に発売した拙著『臆病な人でも勝てるFX入門』は、FXをこれから始めようという方に向けて、取引の基本的なことを解説しまし

た。この本で反響が強かったのは小学校5年生、11歳のトレーダーの話です。

　彼は1年も経たないうちに親からもらうお小遣いの100倍程度を稼げるようになりました。中学生となった今は部活が忙しく、大きなイベントでしか取引していないようですが、そうしたブランクがあっても一度身に着けたトレード技術でしっかり稼ぐことができています。彼はいつでも為替市場で収益を狙える技術を1つ身に着けたわけです。

　この少年が示してくれたのは**FXで成功する2つのポイント**です。

　1つは本書でこれまで書いてきたように「FXは技術だ」ということ。特にテクニカルを使うトレーディングは技術と言い切ることができそうです。

　技術であれば、一定の練習を積むと誰にでもある程度は身に着けることができます。特に普遍性の高いテクニカルを使う技術を持てば、いつでも市場からの収益を狙うことができます。ファンダメンタルズは社会事象なので同じ状況はありませんが、テクニカルでは同じチャート・パターンが何度も発生します。ですから、**取引技術を磨くことで誰でもコンスタントに収益を得ることができるようになります。これは11歳が実証してくれました。**

　もう1つは、「素直である」ということです。実はこれが一番重要です。小学生には大人の余計な知識はありません。**ゲームのようにテクニカルのパターンを認識して、教わった通りに取引するだけです。**

　ところが、FXで失敗する人はこれができずに消えていきます。

　大人はニュースを読み、他人の相場観が雑念として入り込み、「素直」に同じテクニカルに従い続けることができません。また自分の欲望や恐怖心から疑心暗鬼にもなりますし、いろいろ読んでいるうちに無意識のバイアスもかかってしまいます。ニュースやFX関連情報をマメに精読する人は、要注意でしょう。

誰の情報を信頼するか

　先ほどの、米国が利上げしたらドルが買われるのか、という事例を考えてみます。

　市場の多くの人が同じような見解を述べていたとしても、そうした見解を述べている人がトレーダーとは限りません。金融機関のエコノミストも多いでしょうし、学者や通信社やマスメディアの人もいます。すると、ポジションを取って相場で取引する人ではない人の意見を参考にしていることになります。これで上手くいくはずはありません。年始の経済番組では、年末の株価や為替レートを予想させますが、当たっていることを見たことがありません。評論家の意見と、現実にマーケットでトレードする人の考えはまったく違うと思っておいたほうが良さそうです。

FXで100％勝つことはない

　FX取引で100％勝てる人はいません。誰でも負ける取引が当然あるわけで、そのときは決められた通りの損切りをすることになります。しかし、取引に必要な考え方を身に着けていない人はこれができません。

　損を許容できず、損した自分が許せないので、テクニカルのせいにして別のテクニカルを探します。またはFX取引に少し慣れると、テクニカルを使っているのに、自分が金融の素人であることも忘れ、長年金融機関で仕事をしていた人のようにファンダメンタルズを考え始めます。こうなると、もはやテクニカルや技術習得ではなく、毎回「自分流」の取引をやっていることになっています。結果、素人が自分流で勝つか負けるかは「運」次第となり、いずれ資金が底を尽きます。

相場の真実 7

値動きを優先して学ぶ

大きな波に逆らわないポジションを取る

儲けへの道

多数派の動きを知ることが最優先

まずはマーケットの値動きを学ぶ

　FXではファンダメンタルズ分析を学ぶより、まずテクニカル分析を学び、FX技術を習得したほうが利益につながりやすいのですが、テクニカルにも落とし穴があります。

　FXを始めた多くの人が、技術習得のための適切な手順を知らないからです。

　私もFXを始めた頃に、様々な入門書を読みましたが、いろいろなテクニカル分析やファンダメンタルズ分析が網羅的に書かれていて、何から手をつけ、どれくらい練習すればいいかを示してくれた本はありませんでした。

　最初から高度なことを学んでも、基本となる部分が抜けていると、表面的な理解しかできていません。すると、損切りポイントが不適切で損切り貧乏になったり、手を出してはいけないタイミングでポジションを持ってしまったりします。

値動きが元になっている

図-16. ドル円　日足　2008年7月〜10月

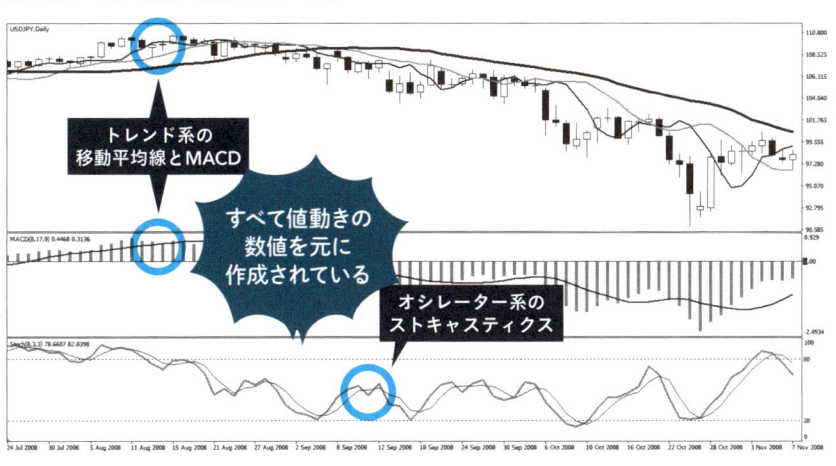

トレンド系の
移動平均線とMACD

すべて値動きの
数値を元に
作成されている

オシレーター系の
ストキャスティクス

　何度も言っていますが、こうしたテクニカルの中で、私が基本として最も重視するのは値動きです。
　テクニカル分析のベースはマーケットでの値動きに他なりません。図－16で示したようにトレンド系であろうとオシレーター系であろうと、すべてのテクニカル分析は値動きを元に様々な計算をして表示されています。
　また、**値動きは相場の中で唯一真実と言えるものです。あらゆる市場参加者の取引の結果であり、これ以上の事実はありません。**そして、その値動きの結果がチャートであり、チャートは市場参加者がどう考えどう動いたかをすべて表していることになります。

テクニカルは多数派の動きを知るツール

　相場の予想やトレーダーの意見、市場のコンセンサスや報道がどうなっていようと、そんなものはまったく関係ありません。重要なのは、マーケットを動かす多数派が売り手と買い手のどちらなのか、どのよ

うな動きをしているかです。

　渋谷のスクランブル交差点を思い出してください。多くの車が行き交いますが、もし赤信号でも大勢が歩いて渡り始めたら、私も渡ります。逆に青信号でも誰も渡っていなかったら、私も歩き出しません。大勢の中で歩いていれば赤信号でも跳ねられることはないでしょう。逆に青信号になった途端に我先にと飛び出せば、突っ込んできた車にひかれるかもしれません。私は相場も同じだと考えているわけです。ルールとか正しさではなく、どうすれば安全に自分の目的を達することができるのかが重要なのです。

　ところが、多くの人は人より先にポジションを取ろう、人より先に行こうとします。これは赤信号から青信号になるまえに走り出すようなものです。

大きな波にゆっくりと乗って利益拡大

　また、マーケットは流れができるとその動きが継続する傾向があります。これは相場の慣性の法則とも言われます。そうした相場の特性（トレンド）があるなら、なおさら人より先に出たと思ったらそれが逆方向だった場合、目も当てられません。大きな波に逆らうことになるのですぐに損になりますし、損失は急速に拡大してしまいます。

　テクニカルをこうした多数派の動きを知るツールとして使えば、大きな波にゆったりと乗りながら、相場が自分の利益を拡大してくれるのです。

　「相場を当てよう、当たるテクニカルを使おう」ではなく、「相場の多数派の動きを知ろう」がFXで利益を得るために最も必要なことだと私は考えています。

多数派の意見に従う

図-17

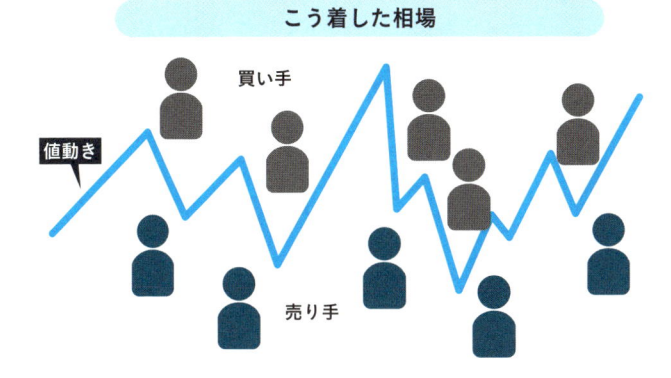

こう着した相場

売りたい人と買いたい人の数が同等の場合は、相場が動きづらいため無理に売買しない

流れのある相場

多数派が発生した場合は、テクニカル分析を使って、その方向に逆らわずに売買していく

相場の真実　押さえておきたい 5つのポイント

① **ファンダに一貫性・再現性を求めるのは難しい**
セオリーはあるが、実際にはその通りに動かないことも多々ある

② **相場情報が正しい保証はどこにもない**
相場予想は事実ではなく仮説を立てているに過ぎない

③ **自分の判断基準があれば、相場に惑わされない**
市場の思惑や情報に流されることがなくなる

④ **値動きの事実だけが正しい判断の元になる**
大きな事件があってもチャートのほうが先に動いている

⑤ **チャートで読み取るのは多数派の動き**
大きな波に乗れば、相場が自分の利益を拡大してくれる

PART 2

ローソク足

ローソク足で売り手と買い手のバランスを見る

「テクニカル」を使うとなると、人は視覚的に目立つ指標に注目しがちです。しかし、最も有用な情報は値動きの中に隠されています。本章で紹介する、ローソク足の見方や組み合わせを理解することで、市場参加者の心理やエントリーポイントの見方がわかるようになります。

ローソク足
1

目的をはっきりさせる
売り手と買い手の攻防はチャートに描かれる

儲けへの道

チャートの中身を想像する

テクニカルは手段、目的はトレード収益

　第1章でも解説しましたが、大事なことなので、もう一度繰り返します。私たちがFX取引をする目的は、「収益」です。FXで利益を得るために、大切な自分のお金を失うリスクを取って、FXをやっています。そして、FXで利益を得られるようなマーケットの動きを判断するための手段がテクニカル分析です。

　FXマーケットはいろいろな要因で動きますが、明確な理由は、売り手と買い手の力関係しかありません。「誰が買っている」とか、「オプションで止められている」とか、いろいろな憶測や噂が飛び交いますが、確実に言えることは、売り手と買い手のどちらが多いか、ということしかありません。

　テクニカル分析をするということは、この売り手と買い手の力関係を見るということです。買い手が多ければマーケットは上昇して、いずれチャートは上昇トレンドを描きます。一方、売り手が買い手に勝

典型的なトレンド

図-1. ドル円　日足　2016年11月・2017年7月

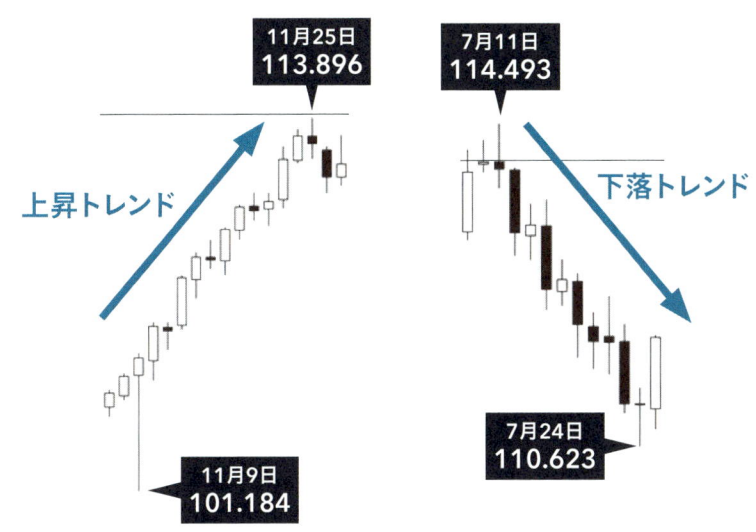

11月25日
113.896

7月11日
114.493

上昇トレンド

下落トレンド

11月9日
101.184

7月24日
110.623

　れば、マーケットは反落して下落トレンドが示されます。図－1のように実際には、ローソク足の全部が陽線や陰線になるような強い動きは稀で、上昇トレンドでも陰線ができたり、下落トレンドでも陽線が入ったりします。それでも上昇トレンドはほとんどが陽線で構成されますし、下落トレンドではほぼ陰線で動きができています。こうしたトレンドの動きは、それだけ多くのポジションが買いや売りに傾いているわけですから、何らかの経済指標で日足が一気に反転することのほうが珍しく、こうした確率的に低い事態を想像する必要はありません（図－2、図－3参照）。

　米大統領選挙の例でも紹介しましたが、FXで利益を得るには確率的に高いことを繰り返すしかないのです。確率が低くても大きく儲けようと一発逆転を狙う発想は、ギャンブルであり、それで儲かる人はいません。たまにギャンブルで儲かった人が取り上げられますが、その陰には大量の負け組がいることを忘れてはなりません。確率的に負

け組になる選択をしないことがFXでも重要です。
　しかし、経済指標や選挙結果などに注目する人はこうしたポジションの偏りを考慮していない場合があり、一気に反転することを期待している場合もありそうです。
　つまり、一発逆転の発想です。このため、指標結果を予測してポジションを取ろうとしますが、あまり良い方法とは思いません。結果がどうなるかを推測しても意味がないからです。それよりも、その結果を受けてマーケットがどう動くかが重要であって、それは売り手と買い手の力関係で決まりますし、チャートに描かれます。**指標結果に関係なく、「マーケットが上がれば買えばいいですし、下がるなら売る」それだけを繰り返すことが、利益につながる一番の近道です。**

イベント後でも方向感がなくなることはある

　少しマーケットを知ってくると、FOMC（連邦公開市場委員会）が利上げするか否かを予想しても、それが利益につながるかどうかは、「神のみぞ知る」領域だとわかってきます。
　冷静に客観的に分析すると、マーケット参加者の売り買いの力関係によって、結果的に、利上げしてドルが買われる場合もあれば、逆に売られる場合もあるからです。どう動くかをチャート分析することと、FOMCで利上げがあるかないかを考えることは、似ているようで違うことなのです。**目的はマーケットの動きをとらえて利益を得ることであって、未来を予想することではないのです。**

　経済イベントの後や、通常の場面でも、マーケットの値動きに方向性がなくなることもあります。マーケットは常にトレンドがあるわけではなく、売り手と買い手の力関係がこう着して、トレンドが明瞭にならない場面もたくさんあります。
　図－4は2017年のドル円週足ですが、上値は115円前後、下値は108円前後でこう着しています。115円から上では売り手が優勢です

目先の経済指標発表よりも全体の動きを見る

図-2. ユーロドル　15分足　2017年9月1日〜9月4日

9月1日
米国雇用統計発表後に大きく上下に動いた

↓ 15分足では大きく動いたように見えるが時間軸を大きく日足にしてみると……

図-3. ユーロドル　日足　2017年7月〜9月

大きな上昇トレンドの一部に過ぎない

ポジションの偏りに注目！

レンジで推移するドル円

図-4. ドル円　週足　2017年2月〜11月

3月10日 115.511
5月10日 114.365
7月11日 114.493
11月6日 114.732
4月17日 108.134
6月14日 108.833
9月3日 107.287

し、108円から下は買い手が多くいるということです。このため、この中間でドル円マーケットはずっと推移しています。

明確なレンジは時間軸を下げて見る

　マーケットの値動きは、このように必ずしもトレンドが出ていない場合もあります。マーケットの方向性がわからなければ手を出さないことも重要です。方向が定まらないということは、市場参加者の多くが迷っている、つまり、売り手と買い手の力関係が、定まっていないということです。**これが「レンジ相場」であり、週足では手を出すべきマーケットではありません。**

　このような手を出すべきでないマーケットに手を出して損をすることで、収益を悪化させている人も大勢います。

　金融機関に勤務するディーラーは、顧客である輸出入企業の注文に応じて為替取引をしています。ディーラーは利益も追求しますが、最

も優先するのは顧客の注文をさばくことです。このため取引しにくい場面でもトレードしなくてはなりません。

　私たち個人投資家は銀行のディーラーとは違い、自分に都合の悪いマーケットは休むことができます。私たちは取引をするのが仕事ではなく、利益を得ることが目的です。欲望に駆られて無理に取引をして上手くいくことはあまりありません。**冷静に淡々とテクニカルが示すチャンスだけ取引して、利益を得ることが最も重要なのです。**

　テクニカルという判断基準を使うことで、取引の可否や、エントリーのタイミング、損切り位置が決められるようになると、そのテクニカルを使った技術の成功確率もわかりますし、資金管理計画を含め収益にも大きく貢献することになってきます。

　ただし、テクニカルは見る時間軸によって景色が異なってくるので、自分の取引する時間軸を定めることも大切です。

　特に兼業であれば、日足か週足が適しているでしょう。

　図－4のように週足がレンジでも日足では上昇・下落のトレンドが繰り返すことになります。レンジが明確なら、時間軸を下げてトレンドを捕まえることができます。

ローソク足 2

勝つための手段を身に着ける

単純なテクニカルを繰り返し使う

儲けへの道
反復練習で技術を使う回路をつくる

必要なのは「知識」ではない

　テクニカルは、具体的に何を身に着ければいいのでしょうか。**私が重視するのは、まず現実の値動きです。**為替マーケットの中で、売り手と買い手がどのように考えて動いているのか、力関係はどうなっているのかが最も重要だと考えています。それは「マーケットの値動き」であり、加えるならシンプルなテクニカル分析ツールです。

　テクニカルを使うのは、収益を得るための手段であって、目的は収益です。ということは、様々なテクニカルを覚え、多くのテクニカルを学ぶことは、FXの目的ではありません。

　テクニカルの知識を持つということと、トレード技術を持つということは、違うことだからです。テクニカル分析ツールをいくつも知っていても、実際のマーケットで上手く使う実戦的ノウハウを持っていなければ、トレーダーにとっては何も知らないことと同じです。

唐突ですが、いま自分の名前を漢字で書いてみてください。自分の名前はこれまでの人生の中で何万回も何十万回も書いていて、字も知っていれば、書き順も知っています。知識は十分にあります。

　では、この十分に知識を持っている自分の名前を利き手ではない手で書いたらどうなるでしょうか。おそらく利き手のようには上手に書けていないはずです。知識があっても、利き手でない手で使いこなす技術を持っていないからです。

　知識があることと、「技術」を持つということは、同じではありません。知識が技術として使えるようになるためには、何度も反復練習して脳にその技術を使う回路ができなければならないのです。

　テクニカル分析でも同じで、いくつもの知識を得ることよりも、**1つの知識をしっかり身に着けて、使い込んで「技術」となるところまで昇華させることが、収益を得るためには必要となります**。具体的には、1つのテクニカルを何度も繰り返し使うことで、自分のモノにする必要がある、ということです。

1つのテクニカルで利益を追求する

　ただし、もしテクニカルアナリストの資格を取るのが目的なら、様々なテクニカルの知識を増やすことが必要です。銀行や証券会社の社員で、テクニカルアナリストの資格が必要な人は、知識を増やす勉強をします。

　しかし私たちトレーダーの目的は「利益を得ること」です。FXで利益を狙うのなら、様々なテクニカルの種類を覚えるより、自分が使いこなせるテクニカルを1つ持つことのほうがはるかに重要です。小学生トレーダー（今は中学生ですが）が1つのテクニカルでずっと収益を追求できていることを思い出して下さい。

　何のためにテクニカルを使うのか、目的と手段を常に意識して、目的達成のためにするべきことをキッチリ続けた人がFXで勝ち残ることができるようになります。

ローソク足 3

数円規模の利益を得るために必要なこと

FXの取引データは「値動き」だけ

儲けへの道

値動きはあらゆる
ツールに先行する

値動きがすべてのツールの元

　株式市場には取引所があり、すべての取引は中央集権的に管理されています。しかし為替市場（FX）に取引所はありません。

　私たち個人投資家とFX会社との取引も、そのFX会社とカバー先との取引も、さらにカバー先の銀行などの金融機関同士のインターバンクでの取引も、為替取引は相対取引なので、出来高や取引手口などの情報はわかりません。ですから大口が買っているとか、誰かが売っているか、などの情報が真実かどうかは確かめようもないことなのです。

　つまりFXの取引データは、値動きに限られます。このため、テクニカル分析の元となるデータも値動きしかありません。あらゆるテクニカル分析ツールは、すべて同じ値動きの情報を元に、様々な計算式で加工して表示させているのです。

　FX会社の中には稀に自社の注文状況を提示している会社や、銀行などの関係者からオプション情報を得て配信されている場合もありま

市場全体には影響しない

図-5

為替市場
1日の取引額
約500兆円
（約5兆ドル）

・FX会社の注文状況
・オプションの取引情報

↓

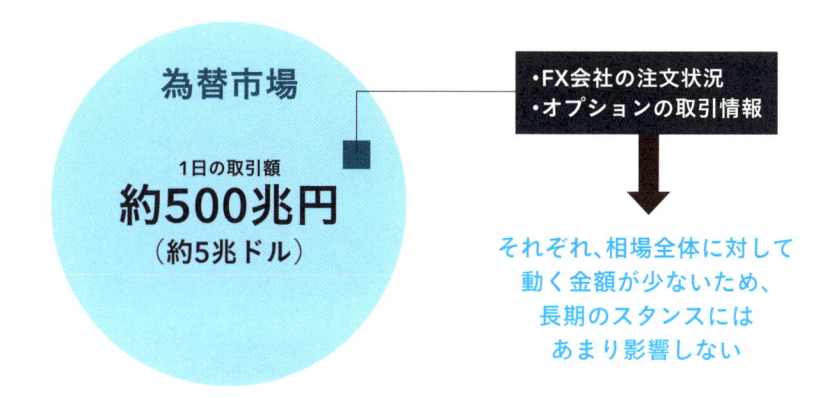

それぞれ、相場全体に対して動く金額が少ないため、長期のスタンスにはあまり影響しない

す。これらはマーケットにはあまり影響しないと考えています。それは為替市場の規模が巨大だからです。為替市場は1日に約500兆円（5兆ドル）以上が動く市場です（内訳はスポット取引が約2兆ドル、先物やほかの為替で3兆ドル）。

値動きは特に日足以上で効果がある

　すると、例えばオプションが10億ドルあったとしても、1日に5兆ドル動く中の10億ドルであり、僅かな金額です。またその情報すら本当かどうかは確かめる方法がありません。さらにFX会社が公開する自社の注文状況はもっと金額が小さいのではないでしょうか。すると、スキャルピングやデイトレードぐらいの短期的で小さな値幅を狙う人には影響が多少あったとしても、日足や週足で数円規模か、それ以上の値動きを狙う人にとっては影響が小さいと考えられるわけです。

　日足やそれ以上の時間軸で比較的ゆったりとした取引をする人には、値動きを分析することこそが利益につながることになります。

ローソク足 4

買い手と売り手の力関係や強弱がわかる

値動きの基本はローソク足

儲けへの道

全体に影響している値動きを理解する

４本値は「値段の上下」と「時間」を表している

　市場の値動きは刻々と記録され、ローソク足として表示されます。
　１分間の値動きは１分足、１時間なら１時間足、１日なら日足として表示され、4本値（始値・高値・安値・終値）が示されます。従ってそのローソク足１本を見るだけで、その時間軸の中でどのような動きがあったかが示されています。
　ここに値動きのすべての要素がはいっています。私たちが注目するのはマーケットの値段の上下の動き。これは高値と安値で示されます。そして時間。日足なら１日の間に、どのように高値や安値を付けて、最終的にいくらの終値に落ち着くのか。この動きを考えるだけで、マーケット参加者の力関係や強弱が推測できます。

パターン分析よりも１本のローソク足

　最近FXを始めた方にとっては、ローソク足は単にチャートの背景

ローソク足の仕組み

図-6

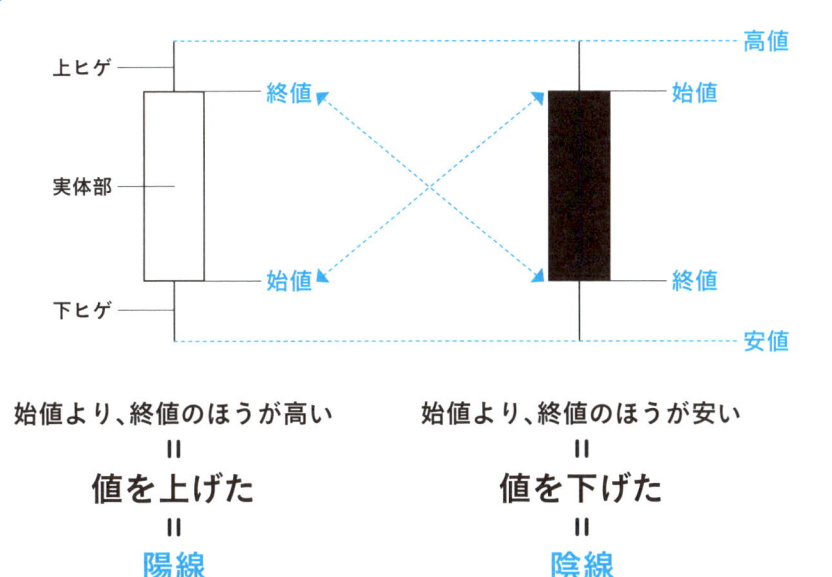

上ヒゲ／実体部／下ヒゲ

高値・終値・始値・安値

始値より、終値のほうが高い
＝
値を上げた
＝
陽線

始値より、終値のほうが安い
＝
値を下げた
＝
陰線

か基本表示のように思っている人もいるかもしれません。しかし、現在のようにパソコンやスマホで簡単にテクニカルが描画できるようになるまでは、ローソク足がテクニカル分析の王道でした。

　ローソク足の形や、何本ものローソク足の動きから、マーケットの動きを推測したわけです。酒田五法や、チャートのフォーメーションがこれにあたります。現在でも、酒田五法の抱き線やヒゲを見ている人は大勢いますし、ダブルトップやペナントなどのフォーメーションを気にしている人もいます。

　これらは今でも有効だと思いますが、単にいくつものパターンを暗記するより、これら全体に影響している値動きを理解するほうが、どんな形でもチャートを分析しやすくなります。

　まずは、基本となる１本のローソク足の動きを理解することから始めていきましょう。

ローソク足 5

始値や終値との関係を重視する

転換を示す「上ヒゲ」「下ヒゲ」

儲けへの道

転換ポイントが示される値動きに注目

「良いタイミング」を見つけるのがカギ

　マーケットが上昇したり、下落してトレンドが続いているときは、ローソク足はほぼ陽線が続いたり、陰線が続いて、チャートを見るだけでもわかりやすいものです。

　しかし、その動きがずっと続くわけではないので、どこかで転換点が来ます。マーケットのこうした変化のタイミングを見つけることが重要です。

　値動きに変化の兆しがなければ、トレンドに乗って買い続けたり、売り続けたりすればいいわけで、FXはとても簡単になります。でも現実は、どこかで転換点が来ます。

　転換点を上手く見つけられると、新たな流れにいち早く乗ることができたり、保有ポジションなら、これまでの流れが止まるところで早めに利確することができます。しかしこれはマーケットの天底を当てようとすることに他ならず、トレーダーの永遠のテーマですし、最も

はっきりしたトレンドを示す値動き

図-7. ドル円　日足　2016年11月・2017年7月

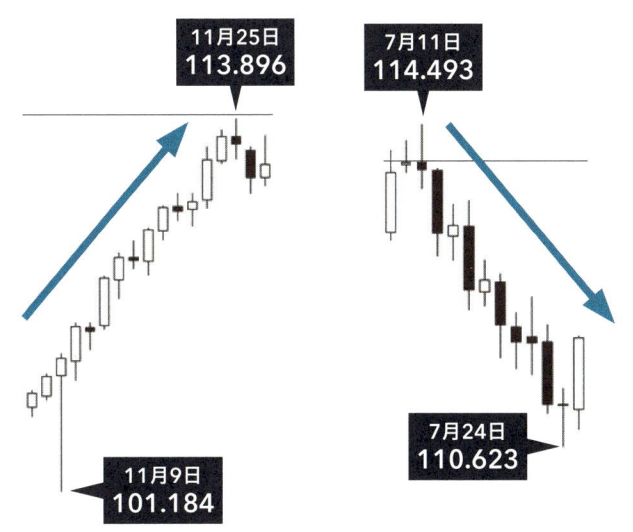

11月25日 113.896

7月11日 114.493

11月9日 101.184

7月24日 110.623

難しいタイミングを探るものです。このタイミングを探すために、様々なテクニカル分析ツールがあります。先人たちも、いかにして良いタイミングを見つけるか、ということに精力を傾けたということです。

「ヒゲ」が反転のサインになる

ローソク足でマーケット転換を示すサインの代表例が「ヒゲ」です。

図-8. 上ヒゲのケース

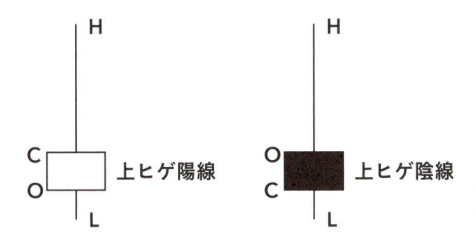

上ヒゲ陽線　　上ヒゲ陰線

上昇中に出れば反転下落の可能性

※陰線のほうがより強い反落の可能性
H＝高値　L＝安値
O＝始値　C＝終値

上昇過程で「上ヒゲ」が出れば、上昇の動きが弱まったり、反転して下げる可能性が示唆されます。

　上昇の動きが続いてきたローソク足に上ヒゲが出る、ということは、**ここでこれまでの買い手と売り手のバランスが変わった、ということです。** ある値段に到達したところで、それまで買い手優勢で上がってきた値段が、売り手が増えて売り手と買い手が均衡した値段が高値です。そして売り手がさらに増えると、値段は下げていき、これがローソク足では上ヒゲを形成します（図-8）。

図-9. 下ヒゲのケース

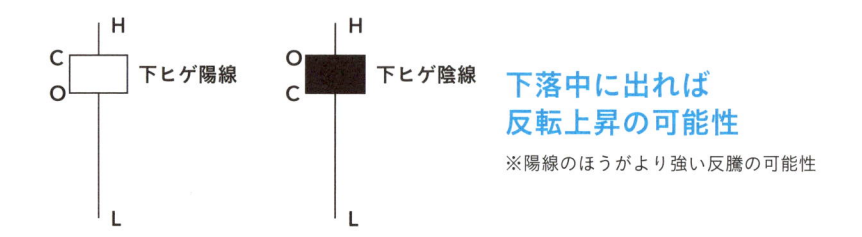

下ヒゲ陽線　下ヒゲ陰線　**下落中に出れば反転上昇の可能性**
※陽線のほうがより強い反騰の可能性

　わかりやすいように「ヒゲ」がなぜ反転のサインになるかを考えるため、いくつかのローソク足の形から、その中の値動きを見ていきます。

　図-10のように、高値と安値の値幅が同じでも、始値や終値との関係で、マーケットの動きはまったく違ったものになってきます。

　マーケットの値動きは買い手と売り手のバランス以外の事実はありません。ということは、**ローソク足から値動きがどうであったか、売り手と買い手の力関係がどう動いているのか、ということが最も重視されるべきことです。**

　このことを理解していると、高値や安値には値動きを知るうえで重要な意味があることがわかるはずです。

　これは次章のダウ理論にもつながってきます。そして値動きの高値や安値をチャートポイントとして多くの人が意識しているのは、こう

値幅が同じローソク足のケース

図-10

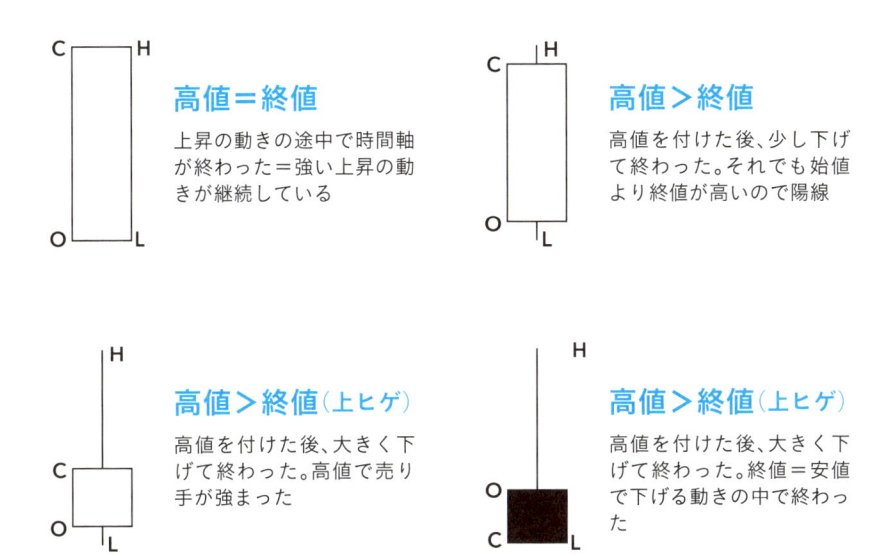

高値＝終値
上昇の動きの途中で時間軸が終わった＝強い上昇の動きが継続している

高値＞終値
高値を付けた後、少し下げて終わった。それでも始値より終値が高いので陽線

高値＞終値（上ヒゲ）
高値を付けた後、大きく下げて終わった。高値で売り手が強まった

高値＞終値（上ヒゲ）
高値を付けた後、大きく下げて終わった。終値＝安値で下げる動きの中で終わった

したマーケットが動く理由の基本を知っているからです。

　ちなみに、「下ヒゲ」の場合は、このまったく逆のことが起こっています。

　上ヒゲで高値が決まるのと同様の動きは、ほかのローソク足の形にもあります。

　例えば酒田五法の「抱き線（包み線）」や、「はらみ線」などです。これらもそれまでの流れが止まるサインや、反転のサインとされますが、上ヒゲのように1本のローソク足ではなく、2本のローソク足で見ることになります。注目して頂きたいのは、この2本のローソク足が示す「抱き線（包み線）」や、「はらみ線」のサインを、始値、高値、安値、終値を意識して1本にまとめてみる、ということです。ローソク足が2本で別のものに見えても、2本を1本にまとめると、同じことを示していることがわかります。

30分足2本は1時間足1本ですし、日足2本は2日足1本です。ローソク足は1時間とか4時間とか1日とかの時間単位で区切って1本のローソク足にしていますが、値動きに注目して見る視点を取れば、2本を1本にまとめたり、5本を1本にまとめると、時間はかわりますが、値動きはわかりやすくなる場合があります。

　文章だけではわかりにくいので、まずは、包み線（抱き線）の例を見てみましょう。

　図－11の通り、2本を1本にまとめると、上ヒゲや下ヒゲになります。ローソク足2本の形で「包み線」として覚えるよりも、**始値と終値に着目して1本にまとめることを覚えると、値動きがわかりやすくなるだけでなく、マーケットもシンプルに見ることができるのではないでしょうか。**

　もう1つ、同様に「**はらみ線**」の例も見てみると、このようになります。抱き線（包み線）と、はらみ線は形が似ていて形と結果で覚えると混乱しやすくなります。しかし値動きを見るようにすると、頭の中で2本を1本に合成できるようになるので、より応用がきくことになってきます。

　図－12はP57の図－7と同じドル円の日足で、2016年11月の米大統領選挙後の上昇トレンドと、2017年7月にレンジの上限を付けてからの下落トレンドです。

　いずれもトレンドの上では「上ヒゲ」が出て上昇が止まり、反転して下げ始めていますし、下では「下ヒゲ」があって下落が止まったり上昇しています。

　つまり、ローソク足に長い「ヒゲ」が出現した場合は、その高値や安値で売り手と買い手が均衡したのち、それまでのトレンドが転換していく動きになることを値動きが示しているわけです。

　これは、チャートを分析する上でとても重要なことなので、この高値と安値がなぜできるか、ということはしっかり理解しておいてください。

2本を1本に合成してみる

図-11

包み線を1本にすると

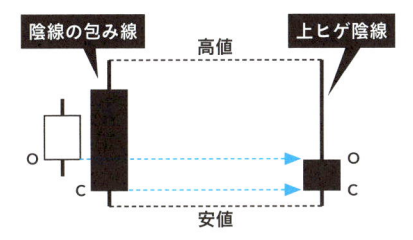

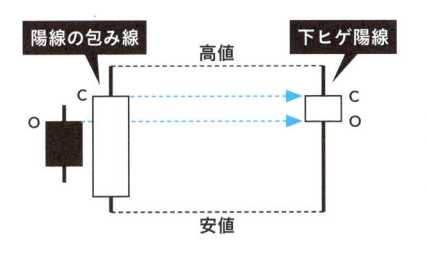

陰線の包み線 → 上ヒゲ陰線

陽線の包み線 → 下ヒゲ陽線

はらみ線を1本にすると

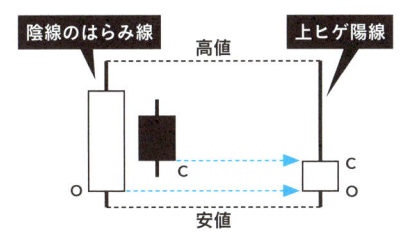

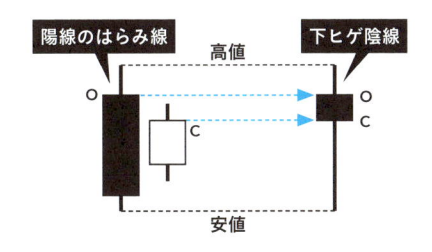

陰線のはらみ線 → 上ヒゲ陽線

陽線のはらみ線 → 下ヒゲ陰線

実際のチャートでヒゲを確認

図-12

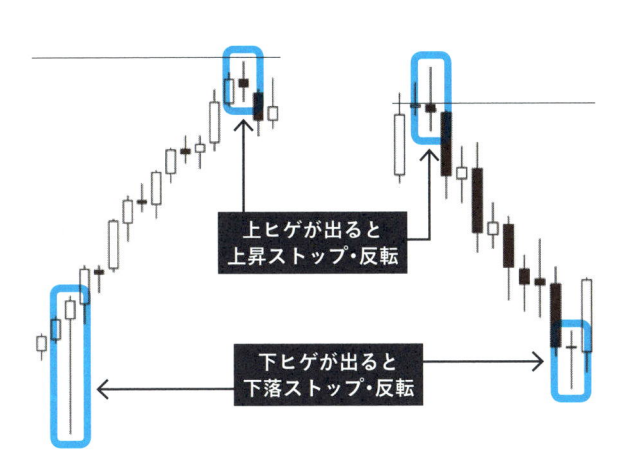

上ヒゲが出ると
上昇ストップ・反転

下ヒゲが出ると
下落ストップ・反転

ローソク足 6

トレーダーなら値動きに乗る
高値・安値を超えたらエントリーする

儲けへの道

トレンドの転換点となる高値・安値

高値の上抜けは上昇することが多い

　トレンドの転換点は、売り手の勢力と、買い手の勢力が均衡した点であることはご理解できたでしょうか。すると、トレンドの転換点は高値か安値になっているはずです。

　つまりトレンド途中の値段はあまり関係なく、高値や安値を意識することがトレンドの見極めには重要というわけです。上昇トレンドの途中からエントリーするときも、前のローソク足の高値が現在までの高値ですから、ここを上抜ければ買い手の勢力が依然強いままだということが推測されます。

　強いトレンドが続くと、「どこかで反転しそうで怖くて入れない」、という人もいますが、それはこうした値動きの意味を知らないからです。**値動きをローソク足で見て、前の足の高値を僅かでも上抜けるなら、上昇の可能性が続くのでエントリーを考えるべきでしょう。** 逆に、まだ前の足の高値を越えないうちは、前の足の高値が転換点になる可

前回高値超えでエントリー

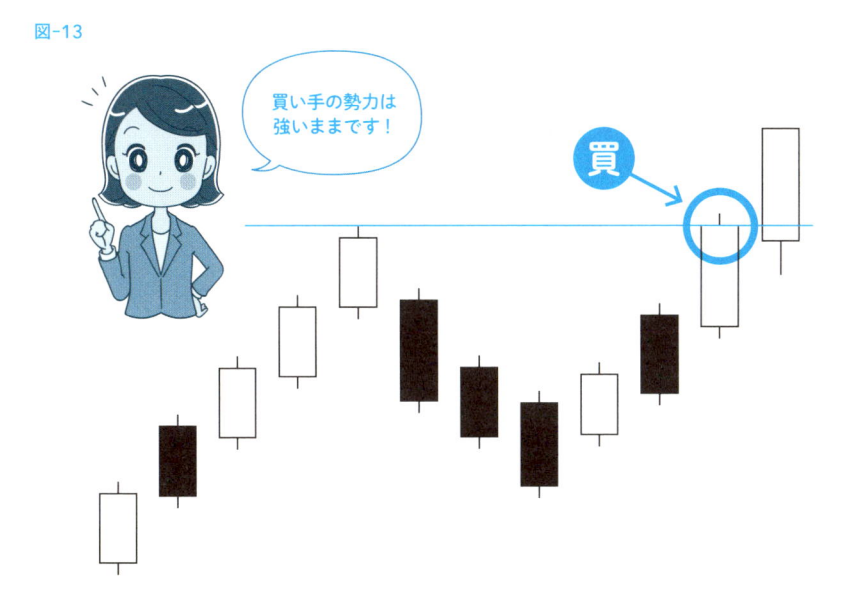

図-13

買い手の勢力は強いままです！

買

能性も考えてリスクを管理する必要がでてきます。これは後のダウ理論とも関連してきます。

トレンドの終わりは値動きが決める

　後からチャートを見れば簡単に判断できそうなトレンド相場も、その時はどこまで続くか、どこで終わるかは誰にもわかりません。テクニカルや、フィボナッチ、節目となる値段や過去の高値や安値などを目安にすることはあっても、それが本当にトレンドの終わりになるかどうかは誰にもわからないのです。だから可能性や確率を重視します。

　チャートにいろいろなテクニカルを表示させるよりも、またアナリストやトレーダーの予想に乗るよりも、値動きの基本であるローソク足の見方を知るほうが、トレーダーとしてFXを続けるなら大事なことなのです。そして、他の相場に応用できる技術の習得になります。

ローソク足 押さえておきたい 5つのポイント

① **FXの目的は収益で未来予想することではない**
指標や発言などの結果を受けて、マーケットがどう動くかが重要

② **収益を得る手段がテクニカル分析**
冷静に淡々とテクニカルが示すチャンスだけを取引する

③ **知識ではなく収益を得る技術を身に着ける**
1つのテクニカルを何度も繰り返し使いこんで自分のモノにする

④ **すべては値動きにありその基本がローソク足**
4本値を見れば、時間軸の中で何が起こったのかがわかる

⑤ **高値・安値の重要性を理解する**
高値・安値を抜けるかどうかがトレンド継続のカギとなる

PART 3

> ダウ理論

ダウ理論で
トレンドの始まりと
終わりを見つける

投資本を読めば必ずといっていいほど出てくる「ダウ理論」。100年前から使われてきたこのテクニカル分析は、AIが普及した現在の相場でも通用しますし、トレードに取り入れることで、エントリーとエグジットのポイントが見えるようになります。

ダウ理論 1

適切な損切りと相場分析が可能になる

相場分析で最も重視すべき基本を知る

儲けへの道

誰もが儲けやすいマーケットで取引する

適切な損切りを探すツール

　前章のローソク足に加え、私が重視しているのが**ダウ理論**です。100年以上前から使われているテクニカルの基礎です。AI取引が盛んな現在でも、これを知らない人は損をしやすく、知っている人は自分の取引を優位にすることができます。なぜならAIがテクニカルを学習する際も人間と同じように学ぶ必要があり、となればAIもダウ理論を学ばなくてはならないからです。

　特に私がダウ理論を重視するのは、**①適切な損切りポイントを探すためと、②取引してはいけない状況を知るため**です。

　イベントやセミナーでお会いした個人投資家の方と話をしていると、損切りポイントを厳密に考えていない人が多い印象があります。損切りに気を使っていても、ダウ理論に結びついている人はさらに少ないようです。

　FX取引の入口は相場にエントリーしてポジションを作ることです

損切りが収益を左右する

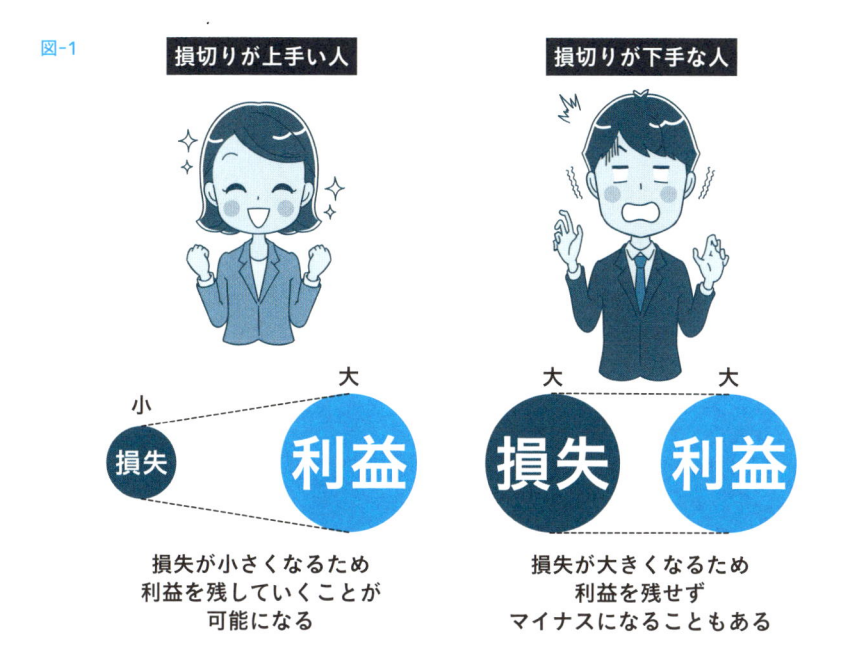

図-1

損切りが上手い人

小 損失　大 利益

損失が小さくなるため
利益を残していくことが
可能になる

損切りが下手な人

大 損失　大 利益

損失が大きくなるため
利益を残せず
マイナスになることもある

が、<u>出口は利益確定か損切りの2つに1つです</u>。ただ、利益確定をどう判断するかには熱心な人も、自分にとって不都合な損切りには無頓着な人が多くいます。

　トレードが上手で収益が黒字を維持している人は、たとえ損切りに厳密な法則性を持たなくても、値動きに応じた臨機応変な損切りやポジション量の調節で収益を残すことができます。これは高等テクニックですし、私はそうしたやりかたは苦手です。ある意味では才能が必要なのかもしれません。

　一方、収益が安定しない人に共通するのは、「損切りが下手」ということです。ときには「自分の損切りがついたら元に戻った、誰かが見てるんじゃないの」という都市伝説的な話も散見します。しかしそれは損切りの位置が絶妙に悪いからであって、誰かが自分のポジションを見ているわけではありません。損切りが適切にできないと、利益

を得るトレードがあっても結果的に損失額が大きくなり、収益を圧迫します。適切な損切りポイントを研究することは、利益を得ることと同じくらい重要なのです。私の考える損切りは、その時間軸で相場の流れが変わる場所に置くべきだと考えています。

　上昇トレンドで動いていても、ここを下抜けると下落トレンドに転換する可能性がある、というポイントに損切りを置きます。買いポジションを維持していたら急激に損失が増える転換点で切るべきだと考えているわけです。逆に言えば、相場の流れが転換しないのであれば、そこはまだ押し目や戻りということで、損切りする場所ではありません。

FXには「手を出してはいけない」相場がある

　こうした「相場の流れが変わるポイント」を探るのが値動きや、市場参加者の買い手と売り手の力関係です。自分の側と反対側の力関係が逆転すれば、損失は増えていきます。ですから、この力関係を見極める必要があるのです。

　本章の前にローソク足で値動きを考えることを説明したのは、この力関係が最も重要だと知ってもらうためでした。本章では、ここからテクニカル分析や相場分析の基本となるダウ理論を、じっくりと解説していきます。

　ダウ理論を重視する理由は、適切な損切り位置を探るとともに、取引を避ける場面を知るためです。FX取引はエントリーしてポジションを持ってしまったら、後は何も手を加えることはできません。利確か損切りの決済しかできません。保有するポジションを変えることはできないのです。ということは、どのタイミングでエントリーするか、ポジションを作るか、ということはとても重要です。この事前準備がトレードで最も重要であり、だから思い付きの取引は上手くいきませんし、運だのみとなります。

　FXでは、手を出してはいけないマーケットがあります。これは売

ダウ理論でわかること

図-2. ドル円　日足　2012年7月〜2013年2月

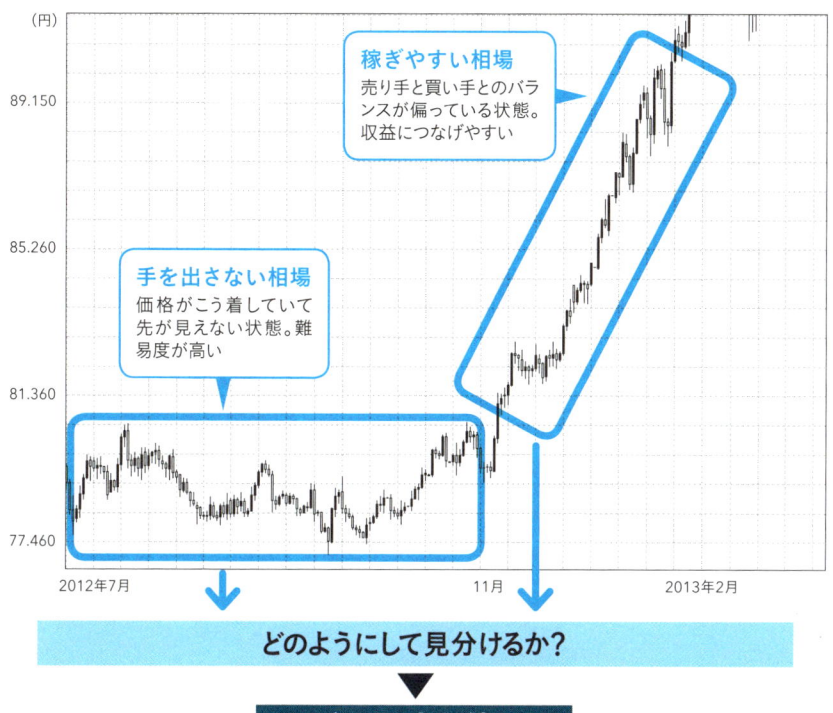

稼ぎやすい相場
売り手と買い手とのバランスが偏っている状態。収益につなげやすい

手を出さない相場
価格がこう着していて先が見えない状態。難易度が高い

どのようにして見分けるか？
▼
ダウ理論を使う

り手と買い手の力関係がハッキリせず、相互に勢力争いをしている場面です。先が見えないこう着状態のマーケットで儲けるのはとても難しいことです。時間軸によって違うこうした取引を避ける場面を知ることで、無駄な損失を減らし収益に貢献することになります。

　FXは「絶対勝てる」特殊なテクニカルや、未来を予想する神がかったご宣託があるわけではありません。誰もが儲けやすいマーケット、動きがハッキリしていて利益を取りやすいマーケットをいかに上手く見つけるかで、勝負は決まります。ダウ理論でこうした値動きを知ることが収益につながってきます。

ダウ理論 2

身に着ければずっと使える

「長く使われている」手法は現在でも通用する

儲けへの道

他者への優位性を持つための第一歩

100年前から通用する普遍性に注目

　前章で紹介したローソク足は18世紀（江戸時代）の日本で発明されましたが、ダウ理論は19世紀に米国で誕生した考え方です。どちらも100年以上前のものですが、21世紀の現在、AI（人工知能）が取引するマーケットでも十分に通用していることが、マーケット分析の普遍的な考え方であることを証明しています。

　私はこの普遍性を重視していて、習得するまで多少時間がかかっても一度自分のものにしたら安定的にずっと使えるトレード技術である点が重要だと思っています。これは『金持ち父さん貧乏父さん』（筑摩書房）のロバート・キヨサキ氏の教えの1つでもあります。
　また20世紀は世界恐慌や二度の世界大戦、東西冷戦や金融危機などなど激動の歴史でした。金融市場も大きく揺れています。それだけ荒れた時代を通じてローソク足やダウ理論がずっと使われていとい

う事実も重視しています。

　ダウ理論は、そもそも米国株価の分析方法でしたが、テクニカルの基礎としてあらゆる金融相場で使われています。特にFXの為替市場では市場全体の取引量や出来高はわかりません。株のような取引所がないからです。すると値動きだけがテクニカル分析の情報源です。

　ローソク足もダウ理論も値動きを元に**①値動きの方向性（上か下か）、②その方向への継続性（トレンドか否か）、③継続が終わる転換点はどこか**、を探す点が共通しています。

　どんなマーケット分析や予想も、この３点をいかに見つけるかに尽きるということです。江戸時代の米相場から現在に至るまで、値動きの分析者は同じことを追い求めており、その普遍性ゆえ昔の考え方が現在でも通用しているのです。

　テクニカル分析に完璧なもの、いわゆる「聖杯」はありません。それはローソク足やダウ理論でも同じです。

　それでも、長く使われ使われ続けている普遍性はダウ理論の強い信頼性を示しています。しかし残念ながらFXを始めた多くの個人投資家はこのことを知りません。

　またFXを始めた人で値動きの基本を理解している人は案外少なく、だからFXを始めた９割が負けて去っていくのかもしれません。パソコンやスマホでは、簡単にテクニカルの種類を変えることができます。

　しかし、基本はすべて値動きなので、テクニカルの王道としてダウ理論を理解した上で、他のテクニカルを追加すると、他人に対して優位性を持てることになりそうです。

ダウ理論 3

テクニカル分析の大前提を再確認

思惑で取引しないために客観的事実を重視する

儲けへの道

定型性や普遍性を取引に取り入れる

ダウのシンプルで合理的な考え方

　ダウ理論では、「値動きはすべての要因を含んでいる」と記されています。これがダウ理論の1番目です。

　マーケットは世の中のあらゆる事案を材料に動きます。これまでに例を出した米国大統領選挙もそうですし、中央銀行の金融政策や税制の変更など、様々なことで動きます。

　ただ、こうした1つひとつの事象の何が原因でマーケットがどう動くかは、誰にもまったくわかりません。値動きがどう動くかは、最終的に売り手と買い手のどちらが強かったかでしかありません。取引結果という事実がすべてなのです。

　マーケットの値動きを見ていると、何かの発表をきっかけに動くこともあります。何らかの発表を見たトレーダーは、自分が儲かると思うほうへポジションを取り、売る人もいれば、買う人もいます。そし

値動きがすべてを表す

図-3

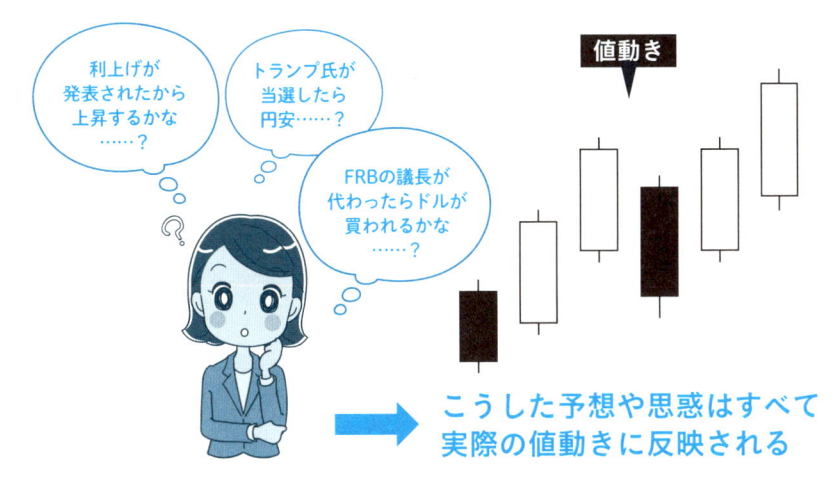

- 利上げが発表されたから上昇するかな……？
- トランプ氏が当選したら円安……？
- FRBの議長が代わったらドルが買われるかな……？

値動き

→ こうした予想や思惑はすべて実際の値動きに反映される

て、売り手の方が多ければ値段は下がり、買い手が多ければ上がります。この単純なことを忘れてはなりません。

　値動きが上がった後や、下げた後に、説明をすることは誰でもできますし、何とでも説明できます。しかし実際のマーケットの中で、売った人や買った人が本当にその解説のように考えてポジションと取ったかどうかは誰にもわかりません。

　ダウは「相場の値動きには、世の中で起きたあらゆることが含まれているから、余計なことを考えず、値動きだけ見ればいい」と言っています。市場参加者の思惑とか、起こった事実からの連想など、答えのないものを求めるのではなく、事実として起こっている値動きがすべてだと言っているわけで、とてもシンプルですし、合理的な考えです。

取引チャンスを逃してしまう人の考え方

　この「すべては値動きに含まれている」という考え方は、ダウ理論を始め、テクニカル分析の大前提なので、必ず覚えておきましょう。

この考え方を取らないと、たとえ経済理論的に正しくなくても、マーケットが動く方向に従わなければ損をします。理論や倫理ではなく、あくまでマーケットがどう動いたかという事実がすべてだ、ということです。ということは、世の中の事象から先を予測するファンダメンタルズ分析は現実的ではないということです。

　ところが、このテクニカル分析の大前提がブレている人もいます。テクニカルを使ってチャート分析するということは、世の中のあらゆる事象が反映された結果である値動きを分析している、ということを

価格はすべてを織り込む

図-4. ドル円　日足　2016年3月〜2017年6月

これらの値動きの中には

大統領選挙　　金融政策　　市場の思惑

など、すべての事象が織り込まれて価格変動として表されている

理解していない人です。テクニカルを使っているのにファンダメンタルズ要因を考えたりしてしまう人です。

　値動きという客観的事実に注目しているのに、値動きとは違う自分の主観的判断や好み、情報や信条を取引に入れようとすると、上手くいきません。テクニカル分析が取引サインを出していながら、「ここは買えない」とか、「ここはイベントまで様子見」というようなことをして取引チャンスを逃がしたりします。

　ここにはファンドの買いが多くあるから下がらないとか、誰々が売っているから乗ったほうがいいとかの噂や情報で判断がブレる場合もあります。また逆にテクニカルのサインがないのに、自分の勝手な思惑で取引して失敗したりします。

　このようなことをしていると、自分の取引に定型性や普遍性がなく、勝率やデータも取れません。毎回が思い付きと同じなので、負けが次の取引に活かせず、資金だけを失い、何の見返りもない悲惨なことになります。第2章で「相場の事実に従う」と繰り返し強調してきたのは、このことにつながります。

「何のためにFXをするのか」を、ダウの考え方とともにもう一度再確認しておきましょう。

ダウ理論 4

実際の値動きで検証

値動きにはすべての要因が織り込まれる

儲けへの道

ダウの考えを元に
値動きを追いかけてみる

値動きは買い手と売り手の力関係だけで動く

　第1章から2章にかけて、FOMCを例に紹介しました。マーケットの動きはこうしたイベントをきっかけに動くこともありますが、イベントが起こる前から事前に織り込んで動いている場合も多くあります。

　金融市場の参加者はみんな人より先に動いて儲けたいと思っているので、事前に何らかの兆候があれば、先取りして動き始めるのです。

　値動きは今後のイベントスケジュールも含めて、先回りする市場参加者など、すべての要因を含んで動いているわけです。

　自分勝手な思惑や誰かの相場観がマーケットの動きと一致している保証はどこにもありません。特に日本語という限られた言語の情報だけで為替市場の情報が得られていると考えるのは、大きな間違いです。世界中のすべてのマーケット情報を手にすることができない以上、世界中の取引の結果である値動きに従わないということは、この時点で自己満足の思い込みになりかねないリスクがあるということです。

手を出してはいけない場面

図-5. ポンドドル　日足　2017年9月〜11月

(チャート内ラベル)
- 9月20日 1.36502
- 10月13日 1.33363
- 11月1日 1.33192
- 11月2日
- 10月6日 1.30272
- 11月3日 1.30394

事実のみで判断する、という姿勢が大事なのです。

　2017年11月2日、BOE（Bank of England＝英国中銀）はリーマンショック前の2007年10月以来、約10年ぶりに利上げを実施しました（図－5）。10月末ごろから11月のBOE会合は利上げするだろう、という憶測がマーケットには流れていました。ファンダメンタルズでは、利上げは典型的な通貨買い要因とされます。

　情報や思惑に従えばポンドは買われてポンドドルやポンド円などは上昇するはずです。ただ、私は「これで大きく上昇することはないだろうな」と漠然と考えながら、ポンドのポジションは取りませんでした。

　そして11月2日、憶測通りBOEは利上げしました。しかし利上げを実施した後のポンドドルは、1.32213付近から一気に下げました。10年ぶりに利上げしたにもかかわらず、ポンドは売られたのです。理論には合致しない動きです。これがマーケットの難しいところで、**結局は理論ではなく、参加者の売り手と買い手の力関係だけで値動きは決まります。**値動きという事実を見つめないと、利益を取るこ

とは難しいという教訓はこうした例からも得ることができるのです。

　第1章の、2016年12月以降のFOMCが利上げした例でも紹介しましたが、今回もBOEが利上げするということと、ポンドドルが上昇するか、下落するか、ということには特に因果関係はありませんでした。

　ポンドドルの日足チャートで示される値動きは、10月6日の1.30272が底です。ここより下がらないということは、この下には買い手が多いことが想像されます（図-6）。

　また10月13日の1.33363が天井となっているということは、この上には売り手が多いことが示されています。つまりポンドドルは11月2日にBOEがどんなアクションを取ったとしても、高値と安値に示される力関係が均衡した点を破り、いずれかを越えない限りは売り手と買い手の力関係がこう着した中にあって、マーケットは動き出さないことが予想されるわけです。この範囲はダウ理論における「手を出してはいけない場面」とも言えます。

　また11月2日の利上げ後に急落したポンドドルも、結局10月6日の安値を割れずにレンジ内の動きが継続していることからも、BOEの金融政策発表より、それまでのマーケットの値動きに注目するほうがトレーディングでは重要だということが、このチャートからもわかります。

　さらにローソク足のおさらいをすると、10月6日の安値は下落過程で表れた「下ヒゲ陰線」です。ここが下落の動きの均衡点になっています。またそこから上昇していった10月13日の高値は「上ヒゲ陽線」です。ここは10月6日からの上向きの動きの均衡点となっています。この2つの均衡点が天井と底となったレンジを形成しています。

　つまり、この底と天井を越えないうちは動きが出ないことが、11月2日のBOEの発表前にわかっていることになります。すると、白黒がわからない金融政策の結果を予想して丁半博打のようなポジションを取る必要がなくなり、戦略的なFXトレーディングをすることができるようになります。

2つの均衡点がレンジを形成

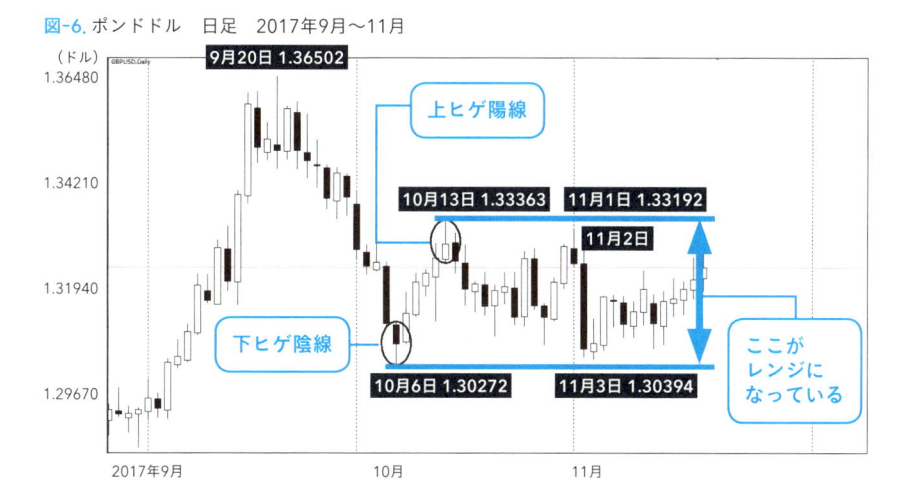

図-6. ポンドドル　日足　2017年9月～11月

ダウ理論と移動平均線どちらも上昇

　もう1つ例をだしてみます。

　図-7は、2017年7月から10月のポンドドルです。先ほどの例の少し前の動きです。

　9月14日にもBOE（英国中銀）は金融政策委員会（MPC）を開催しました。このとき、利上げは行われませんでした。しかしポンドドルは大きく上昇しました。アナリストは「経済成長が続きインフレ圧力が高まり続ければ、今後数か月で利上げの必要がある」との見解をBOEに示したことで、ポンドドルは急騰した、との解説が一般的です。

　しかし、日足チャートを見ると、8月24日を底にすでに上昇してきています。そして9月5日には、それまでの高値である8月11日高値1.30299を上抜けました。これは意味があることで、売り手と買い手の均衡点であった高値を上抜けたわけです。

　9月5日までは高値は8月11日、安値は8月24日の間で売り手と

ダウ理論で見た上昇ポイント（転換点）

図-7. ポンドドル　日足　2017年7月〜10月

買い手が上にいくか下にいくかで勢力争いしていたわけですが、9月5日の時点でこのバランスが崩れ買い手が強くなったことを意味しています。

つまり、9月14日のBOEより以前にすでにポンドドルは上昇トレンドとなっていたわけです。そうした上昇トレンドの中で、BOEからポンド買いにつながるような情報が出たため、ポンドドル相場はさらに買い手が増えて上昇しました。

これは値動きからの判断で、ローソク足とダウ理論でポンドドルの上昇を分析したものですが、テクニカル分析の典型である移動平均線でも同じように、BOEの前からポンドドルが上昇していることがわかります。

値動きにはすべての要因が織り込まれる

図－8のチャートを見ると、ポンドドルの値動きは2017年9月1日に日足の21単純移動平均線（21SMA）を上抜けて上昇の動きになっ

ています。

　このようにチャートと値動きを中心にマーケットの動きを見ると、ファンダメンタルズ分析やそれに基づく解説は、後出し解説のように感じられます。ダウが言う「すべての要因を含んでいる」値動きが先にあるという考えに納得することができます。

　私は西原宏一メルマガで毎日テクニカル分析を配信していますが、**理由はわからないけれど、上がるだろう、とか、下げるだろう、ということがよくあります。**こうした経験を何度も積むうちに、「値動きにはすべての要因が織り込まれている」のだなぁ、と実感しています。

　こうしたテクニカル分析の不思議さに興味のある人は、数カ月値動きを追ってみてください。私が感じたような不思議な感覚を感じることができると思います。自分で体験すると、チャールズ・ダウの考え方の理解も深まるので、まずは値動きを追いかけてみることをお勧めします。

BOEの発表前に上昇している

図-8. ポンドドル　日足　2017年7月〜10月

ダウ理論 5

レンジの中にもトレンドはある
トレンドの種類には短・中・長がある

儲けへの道

時間軸ごとに発生する波の違いに注目する

マーケットは3つのトレンドでできている

　ダウは2番目の法則として、「マーケットは異なる時間軸のトレンドの組み合わせでできている」と考えています。

　ダウはマーケットの値動きに注目していますが、値動きが完全に止まってまったく動かないということはありません。金融市場には利益を求める人がたくさん参入しているので、全員が何もしない、ということはあり得ないからです。

　例えば、本書冒頭でも紹介した2001年9月11日の米国同時多発テロ。世界金融の中枢であるニューヨークが攻撃され多くの金融機関の機能がストップしました。金融機関そのものが攻撃を受けたので、ニューヨークでは取引が止まったのです。では、FX市場の値動きが止まったかというと、そんなことはありません。FXは24時間取引できるので、常に値動きがあります。

値動きがあるということは、上昇したり、下落したり、の動きがあり、つまりトレンドがあるのです。

私たちがトレンドというと、上か下に継続的に動いている状況を考えますが、ここで留意しなければならないのは時間軸です。5分足チャートを見ている人と、1時間足チャートの人と、月足の人が見ているトレンドは、方向はもちろん、値幅や、継続する時間などがまったく違います。

レンジ相場（こう着相場）ではトレンドがない、と考えがちですが、それはたまたま見ている時間軸ではレンジになっているということに過ぎません。時間軸を下げると、レンジ内の上下は上昇トレンドと下落トレンドになります。また時間軸を上げるとレンジと思われた動きは、大きなトレンドの中で一時動きが弱まった場面にしか過ぎない、ということでもあります。

ダウはマーケットの動きはトレンドでできていて、それは時間軸で違う、と考えているわけです。ですから、**トレンド・フォロー（順張り）でトレンドの流れから一部の利益を得ることを考えています。**

ダウが100年以上前から、トレンドに乗ることが収益につながりやすいと考えられていたということはとても興味深いものです。日本の個人投資家が好む逆張りは、リスクの高い取引方法だったり、利益を取りにくい方法なのかもしれません。

こう考えると、テクニカル分析ツールも、オシレーター系の買われ過ぎ、売られ過ぎを示すものより、トレンド系のテクニカルをメインで考えるほうが適切に思えてきます。私自身は、値動きを見つつ、移動平均線でトレンドを取りにいくスタイルなので、この点からもダウの教えはとても納得がいきますし、合理的に思えます。

100年前と事情が異なることもある

ただ、トレンドがあっても、ダウが考えたようにチャートの時間軸

によって方向は違って見える場合があります。チャートの時間軸によって、大きな時間軸と、その中の小さな時間軸では逆向きのトレンドになることもあり得ます。

また長期トレンドが続きながらも、逆向きの短期トレンドが生じる前には、短期の時間軸ではトレンド方向の転換が起こっています。つまりトレンド転換に伴うこう着が短期では起こっていたり、急激な反転が起こっているかもしれません。ただそうした動きも大きなトレンドの中では、小さな押し目や戻りの動きでしかありません。

ちょっと頭が混乱してしまうかもしれませんね。
ダウはこの点をトレンド内の「3つの波動」として説明しています（図－9）。彼は1年から数年続く値動きを「長期のメイントレンド」、数週間から数か月程度の値動きを「中期トレンド」、そして1時間から1カ月程度の値動きを「短期トレンド」としています。

3つのトレンド

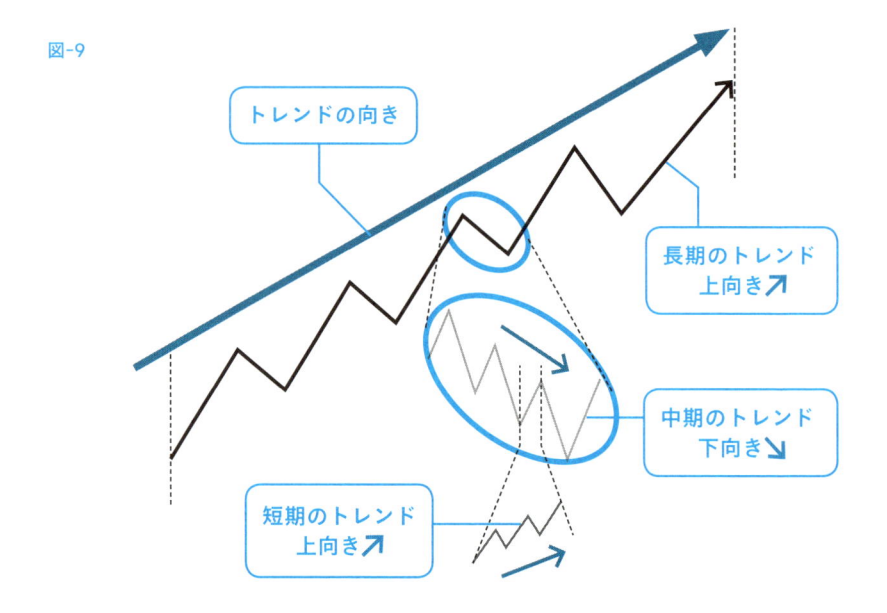

図-9

100年以上前のダウの時代には、当然ながらコンピューターはありません。となると、値動きは日足のバーチャートが示すように3本値（高値・安値・終値）だったでしょう。チャートも手書きですから、日足より細かな時間では書くことができなかったはずです。

　しかし、現在はパソコンやスマホで瞬時に時間軸を切り替えることができます。細かな時間の取引が主流となっている現代では、「3つの波動」も長期トレンドは、おそらく週足か月足、中期トレンドが日足か週足、短期トレンドが1時間足から日足というところでしょうか。ダウの見解より少しずつ短くして考えたほうが現実的でしょう。

　実際、私は主に日足でマーケット見ていますが、ポジションは数日から数週間保持するので、ダウの言う「短期トレンド」で取引していることになります。でも現在のFXの世界ではこれは長いほうです。100年以上前には不可能だったスキャルピングなどの極超短期取引が可能ですし、ヘッジファンドなどもHFT（High frequency trading＝超高速高頻度売買）を活発化させています。

　ダウの「3つの波動」は少し時間軸が前倒しされていると考えたほうが現代にマッチします。マーケットに対する考え方は同じでも、時代とテクノロジーの変化を考慮して考える必要はあるのではないでしょうか。

　またダウは米株で投資理論をつくっていますが、私たちが取引するのはFXです。スキャルピングをする人もいるくらいですから、このダウの時間軸の説明はそのまま受け取ることはできません。よって、この点は、時間軸の違いを意識することが重要と考えるのが良いと思います。

中期・短期の戻り幅に他のテクニカルとの共通点

　マーケットが大小のトレンドでできている例として、2017年のNZドルドル日足を見てみます（図−10）。

　NZドルドルは9月20日の0.74291から高値は切り下げ、安値は更

一度戻してトレンドが継続

図-10. NZドルドル　日足　2017年9月～11月

　新されて下げていきます。9月後半には、日足の21移動平均線の下側となり、移動平均線も下落トレンドであることを示しています。
　しかし日足のこうした下落の動きの中にも、10月10日から17日の動きのように陽線が続いて上昇する場面もあります。10月27日から11月9日も同じようなトレンド中の戻しの動きになっています。ただ、いずれも依然として移動平均線の下側ですし、10月17日の高値もその前の高値である9月29日高値を越えることなく、下落トレンドが継続しています。
　こうした動きの中で、時間軸を日足から1時間足に下げて10月10日から17日の動きをもう1枚のチャートで見てみましょう（図-11）。

　こちらは、10月10日から11日ぐらいは移動平均線を挟んで上下していますが、その後は1時間足の21SMAの上側となって1時間足チャートは上昇トレンドになっています。
　このように、日足は下落トレンドで、その中の小さな戻りの動きでも、時間軸を下げるとまったく逆の上昇トレンドになっている場合が

大きなトレンドの中の小さなトレンド

図-11. NZドルドル　1時間足　2017年10月9日〜18日

（チャート内注記）
- 10月17日 0.71999
- 大きな日足のトレンドから見ると、下落途中の小さな戻りの動き
- 21SMA
- 10月10日 0.70554

あるわけです。

　またダウの教えで興味深いのは、長期トレンドの中にある中期や短期の逆向きのトレンドは動きが、33%〜66%に及ぶ、としている点です。勘のいい人はお気づきと思いますが、このダウの示した数値はフィボナッチ・リトレースメントの38.2%、61.8%と近い数値です。おそらく、第5章で説明する初心者でも使いやすいテクニカル分析、ディナポリもこのダウの考え方を継承しているものと思われます。

ダウ理論 6

最優先すべき「買いどき」

トレンドの中盤が最も簡単で儲かる相場

儲けへの道
難しい相場には手を出さない

それぞれの場面で市場参加者は異なる

　ダウはトレンド・フォローでトレンドの中で利益を取ることを考えているため、1つのトレンドの中がどうなっているかを分析しています。これが3番目の法則で、1つのトレンドには3つの局面があると言っています。1つの上昇トレンドや下落トレンドの中を分析すると、3つの局面に分解できる、ということです。

　これは1つのトレンドを序盤、中盤、終盤と考えるとわかりやすいでしょう。トレンドは永久に続くことはなく、必ず終わりが来ます。また始まりはわかりにくく、気が付けばトレンドができています。
　ダウは、この最初のトレンドが発生したかどうかわかりにくい序盤部分、トレンドが明確となって多くの人が参入する中盤部分、そしてトレンドが弱まる終盤部分の3つに分解して、それぞれの場面で参入する市場参加者のタイプの違いを説明しています。

トレンドの3つの局面

図-12

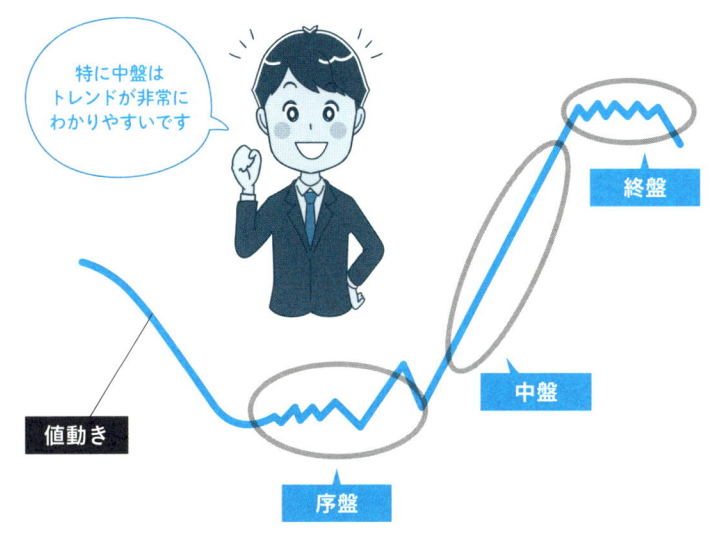

特に中盤はトレンドが非常にわかりやすいです

値動き

序盤

中盤

終盤

<トレンド序盤>

　トレンドの序盤に参入するのは、変化に目ざとい人です。ただしここではそれ以前の動きが続いているのか、トレンドが転換したのかがわかりにくく、私を含め多くの人は疑心暗鬼でトレンドに乗ることは難しいのだと思います。トレーダーの中でもポジショニングが早い人、先走りしやすい人がこの序盤で参入しますが、必ずしもすぐに強いトレンドとなって動き出さず、レンジのようにこう着することも多い場面です。

　こうした場面に参入するのは、ずっとマーケットに張り付いているプロです。まだ本格的なトレンドになるかどうかわかりませんし、値幅も小さい序盤で参入するのは、難しいので私はお勧めしません。

<トレンド中盤>

　トレンドが序盤の小さな値動きから動きだし、誰もがトレンドができていると思う場面がトレンドの中盤です。参加者誰もが同じ方向に

動いているときです。古くは1980年代後半の日本のバブル相場、近頃なら2012年からのアベノミクス相場、直近では米大統領選挙後のトランプ相場がこれらトレンド中盤の代表的な動きです。トレンドが最も活発に動いているときで、**上昇トレンドなら陽線のローソク足が並び、下落なら陰線が続く、わかりやすい相場です。**

私はここが一番儲けやすい場面であるとともに、誰もが利益を得やすい場面なので、このトレンド中盤をいかに上手く見つけるか、中盤でいかに良いタイミングで取引を始めるかを重視しています。

このトレンド中盤を見極める技術を持てば、それだけでマーケットから十分な利益を得ることができるようになります。**いろいろなテクニックを学ぶより、この1点に集中するぐらい大事です。**

相場格言にも「頭と尻尾は相場にくれてやる」というものがあります。つまりトレンドの中盤を取ることが大事だと言っています。先人から長く続く教えは大切にする価値があります。

＜トレンド終盤＞

順調に動いてきたトレンドもいずれ中盤から終盤にはいってきます。値動きの幅が小さくなったり、急騰したかと思うと急落したりして、中盤のようなコンスタントな値動きが続かなくなってきたら、トレンドは終盤に入ってきたと考え、備えたほうが良いでしょう。

終盤はこれまでのブームの終わりであり、ここから参入するのはリスクが高まります。値動きが小さくなるだけなら失敗した際の痛手も小さくて済むかもしれませんが、大きく急激に反転すると、思わぬ大きな損失を被ることになります。

これまで積み上げてきた利益を一気に失ったり、無理に耐えるとさらに大きな損失を生むリスクがある場面です。相場格言の尻尾の部分であり、ここは取引を控えるほうが賢明です。

序盤と終盤は「休むべき場面」

このように、ダウはトレンドを3つに分解していますが、私たち個

人投資家が取引するのは中盤です。序盤や終盤はお勧めしませんし、難しい場面です。

序盤や終盤に手を出す人は、見極める技術を持たないことと、欲が強いことがあげられます。

「儲けてやろう」という欲が強すぎると、手を出しても上手くいきにくいマーケット（つまり序盤と終盤）に参入していきます。思ったように動かず精神的にも収益的にも辛い場面であり、「労多くして利益なし」となりやすいので、こうした場面は休むことをお勧めします。

FXは会社勤めのように毎日仕事する必要はありません。

会社勤めや働いた分の賃金を得るような感覚でFXをしても上手くいきません。ただ、学生時代のアルバイトからずっと続く、働いた分の賃金を貰うという感覚、毎日働けば毎日お金が入るという意識は、なかなか変えにくいのかもしれません。

トランプ相場では105〜115円が「中盤」

次ページの図-13のチャートは米国大統領選挙後のトランプ相場のドル円の日足で、2016年7月から2017年2月の動きが示されています。縦破線は月の区切り線です。

2016年の8月から10月の囲んだ部分は上昇トレンドの序盤か、その前の2016年初頭の120円台からの下落トレンドの終盤です。囲んだ部分の下は8月の99円半ば、上は10月の105円半ばです。

この範囲のローソク足を見ると、陽線が続くと思うと陰線が出て下げていきますし、陰線も続かず再び上げる動きで、わかりにくい動きです。この前には6月に英国がEU離脱を決め、ドル円は98円台を付けています。

しかし安値に注目すると、チャートには出ていませんが6月の98円台、8月の99円台、9月の100円台、そして11月の大統領選挙の日は101円台が安値で、安値は切り上げています。また高値は9月の104円台、10月の105円台とこちらは上昇しています。つまりドル円

トランプ相場でのトレンド分析

図-13. ドル円　日足　2016年7月〜2017年2月

は緩やかながら上げてきているわけで、ここがトレンドの序盤だったと考えられます。

　その後、11月9日のトランプ氏の当選から、ドル円は12月の118円台まで急騰します。この急騰はマーケットの誰もがドル円を買っているわけで、ローソク足も陽線が続き、ほぼ一方的な上昇です。これがトレンド中盤の誰もが参加している動きと考えて間違いないでしょう。

　前述のとおり、私たち個人投資家は、この101円台から118円台へ17円急騰する動きの中のどこかで利益を狙うのが賢明です。誰もが買っているので買いポジションを作れば、後は利益が積みあがっていく簡単な相場だからです。
　ただ、この強いトレンドの動きも永久には続かず、12月の囲んだ部分（図−14）ぐらいから上値が伸びません。高値は12月15日でその後この高値を越えることはありませんでした。チャートを見ただけでもローソク足が陰線になる部分が増えていることがわかります。つ

トレンドの終盤は事前に表れている

図-14. ドル円　日足　2016月8月〜2017年2月

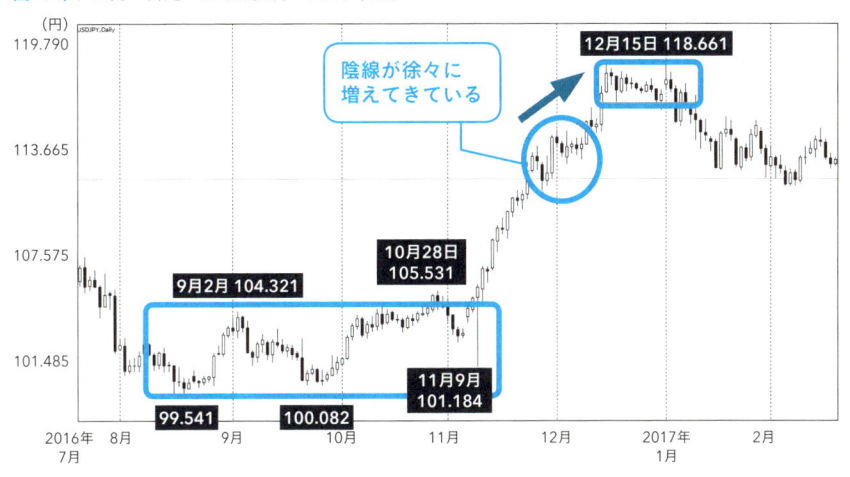

まり値動きが上昇せず、逆に下げることが出てきている、ということです。こうした動きの部分がトレンドの終盤で、その後は下落に転じています。

　この終盤は、118円を付ける前のチャートに丸で囲んだ11月後半から12月前半で少し陰線が出ている部分からと考えることもできます。これまで陽線が続いて急騰してきた動きに突如陰線が現われ、これまでの急騰の動きとは少し動きが違ってきているからです。
　こうしたときに、トレンドが継続しているか、終了したのかの判断基準をもつと、迷うことが少なくなります。すると、利益を伸ばしたり、損を減らすことができるようになり、この点でもテクニカル分析で判断基準を決めておくことは、金融マーケットに不慣れな個人投資家の力になります。

ダウ理論 7

「マーケットの慣性の法則」を利用する

トレンドは終了サインが出るまで続く

儲けへの道

高値・安値の更新を基準にチャートを見る

慣性の法則で利益を伸ばす

　ダウは、トレンドで取引することを前提としているので、そのトレンドがいつまで続くのかは重要な問題です。ダウは4番目の理論として「マーケットの慣性の法則」とされるものを記しています。つまり、「トレンドは明確な終了サインが出るまで続く」ということです。拡大解釈すると、トレンドは継続するものなので、トレンド終了の明確なサインがあるまではトレンドで取引を続ける、ということです。

　これは個人投資家には重要な教えです。トレンドが続くかどうかを判別できることは、収益を伸ばせるかどうかにつながります。

　個人投資家は、利益を伸ばしにくく、すぐに利食いしてしまう傾向があります。これは値動きやテクニカルの判断に自信がないため、少し利益が乗ると確実に利益を取ろうと動きやすいからです。「今は利益が乗っているけど、もしかしたら戻って損になるかもしれない」という恐怖心と、「ここは確実に少しでも利益を得ておこう」という欲

終了サインがあるまでトレンドは続く

図-15

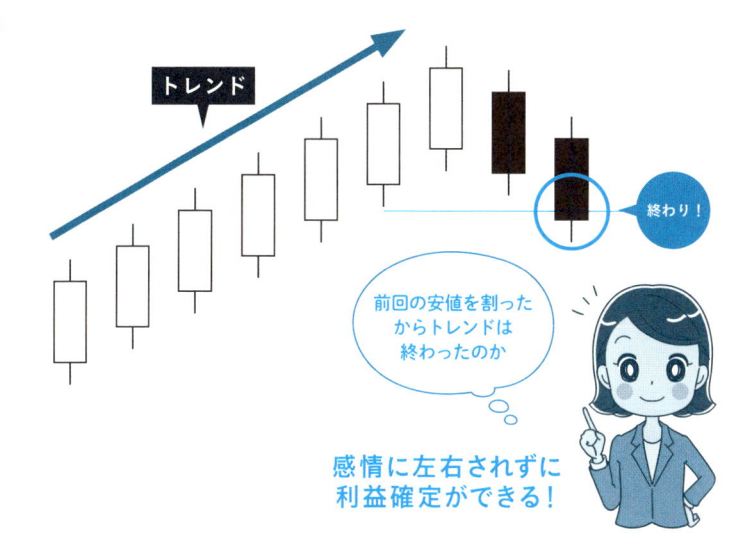

「トレンド」

「終わり！」

「前回の安値を割ったからトレンドは終わったのか」

感情に左右されずに利益確定ができる！

望の結果として、トレンドが続いているのに得る利益を小さくしてしまいます。これはチャートや値動きでの判断ではなく、自分の感情に他なりません。

　同様に損切りは出来ず損失にはずっと耐えて、最後に諦めて手放すときには大きな損失になる傾向もあります。このため、利益が小さく、損失が大きいので当然トータルの収益は増えませんし、資金を減らす人が多くなります。

ダウ理論にはトレンド終了の基準がある

　トレンドがどこまで続くのか、どのようなサインが出たらトレンドは終了するのか、という基準が明確だと、これに従うだけで利益を伸ばすことができるようになります。これで収支は改善しますし、損切りが適切になればさらに収益は改善して、FXの利益が増えていきます。

　そして、トレンドの継続を知るのと同様に重要なのは、どのような状況になるとトレンドが終了するのか、ということです。トレンドが

終わったとなれば、トレンド・フォローのポジションも決済します。そして次のトレンドがどのように始まるかを見極める準備を始めます。

　上昇トレンドが終了した場合、再び上昇する場合もありますし、反転して下落する場合もあります。このどちらが起こったとしても、次のトレンドに乗る準備をしておかないと、収益を増やすことができません。ダウ理論のトレンドの基準をキッチリ理解して、常に値動きと共にトレンドがどうなるか、自分がどこからマーケットに参入し、どこで出るのかを判断できるようになると、収益は格段に向上していきます。

　そのダウが考えるトレンドの基準は、
　＜上昇トレンド＝高値が更新し、安値は更新されない＞
　上昇の動きなので高値は必ず更新して前の高値を上抜ける必要があります。加えて、安値は前の安値より下がらず最悪でも同値、通常は前回の安値より上昇して切り上げていくことが要件です。
　ということは、高値が更新されなかったり、安値が更新されて前の安値より下げることがあれば、上昇トレンドの条件が崩れるので、上昇トレンドは終了する、ということです。
　このことを、さらに踏み込んで考えると、「上昇トレンドの条件が崩れない限り、上昇トレンドは続く」ということです（図－16）。

　一方、下落トレンドはまったく逆です。
　＜下落トレンド＝安値が更新し、高値が更新されない＞
　下落なので安値は必ず更新して前の安値を下抜ける必要があります。加えて、高値は前の高値を越えずに同値か、それ以下に下げて前回高値と比べて切り下げていくことが要件です。
　ということは、安値が更新されなかったり、高値が更新されて前の高値より上がることがあれば、下落トレンドの条件が崩れるので、下落トレンドは終了する、ということです。

上下それぞれのトレンドの基準

図-16. 上昇トレンド

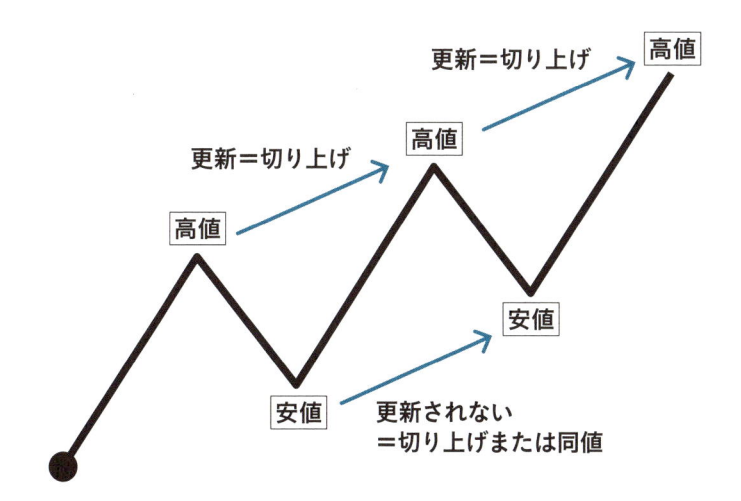

- 高値
- 更新＝切り上げ → 高値
- 更新＝切り上げ → 高値
- 安値
- 更新されない＝切り上げまたは同値 → 安値

図-17. 下落トレンド

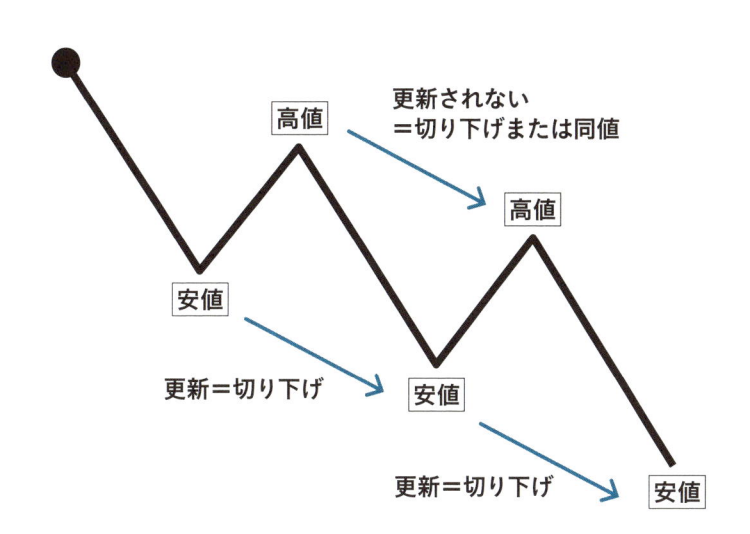

- 高値
- 更新されない＝切り下げまたは同値 → 高値
- 安値
- 更新＝切り下げ → 安値
- 更新＝切り下げ → 安値

こちらも「下落トレンドの条件が崩れない限り、下落トレンドは続く」ということです（図−17）。

高値・安値の更新の有無を確認する

マーケットの値動きは、一方的に上昇し続けたりせず、上昇する動きの中でも波のように逆方向に動く部分があります（下落なら逆です）。上昇トレンドの図−16のように全体としては上昇している動きの中にも、高値から安値に下げる逆向きの動きが含まれています。

この逆向きの下げる動きは、時間軸を下げると下落トレンドの波になっています。先ほどの「トレンドの中に逆のトレンドが含まれている」、「マーケットはトレンドでできている」という考え方と合致します。

イメージだけでは、簡単そうに見えますので、実際のマーケットの動きを2017年6月から8月のユーロドルの日足を例に見ると、図−18のようになります。縦破線は月区切り線です。

6月20日を起点に見ていくと、陽線が多く全体としては上昇していることが明らかですが、この上昇の大きな動きの中に小さな下向きの安値を付ける動きが含まれています。こうした値動きを確認するときに高値や安値の数値をキッチリ見ることは重要です。

この動きが高値を更新し、安値は更新していないかどうか、高値安値に線を引くと、下の図−19のようになります。

高値と安値を結ぶ線はギザギザして、マーケットの値動きが波のようになっていることがよくわかります。そして高値の位置を比べると、高値はいずれも更新され、安値は更新されることなく逆に切り上げています。つまり上昇トレンドが継続していることがローソク足だけでなく、値動きの高値安値の数値からも明らかです。こうした高値・安値のチャート・チェックがマーケットを判断する基本情報となります。

典型的な上昇トレンドの例

図-18. ユーロドル　日足　2017年6月〜8月

図-19. ユーロドル　日足　2017年6月〜8月

ダウ理論 8

慣性の法則をトレードに生かす

高値・安値更新でエントリー

儲けへの道

損切りポイントも自動的に決まる

新高値は買い、新安値は売る

　ダウ理論はトレンドには続く性質（慣性の法則）があると教えてくれますが、では実際の取引ではどこでエントリーするのが良いのでしょうか。理論を現実のトレードに適用する際には、どこでエントリーするかが、とても重要です。ここでは具体的に私の考え方を示していきます。

　上昇トレンドが継続するには、「高値更新」と「前の安値を割らない」ことがダウ理論の条件でした。ということは、高値が更新されて新高値が生まれたら、その後に前の安値を割らない限り上昇トレンドが継続することになります。**よって、まず高値更新すれば、そこは買いエントリーするポイントです。**

　また逆に下落トレンドであれば、「安値更新」と「前の高値を越えない」ことがダウ理論の下落トレンド継続の条件ですから、**安値が更新されたら売り参入するタイミングです。**

この上昇トレンドで高値更新での買い、下落トレンドで安値更新での売りを値動きの力関係で考えてみましょう。

　図−20を見てください。上昇トレンドの中で高値（c）で上昇が止まったということは、この高値で売り手と買い手の勢力が均衡したことになります。これは売り手と買い手の均衡点が高値だからです。この時点で上昇が止まったので、マーケットは高値（c）とその前の安

上昇トレンド

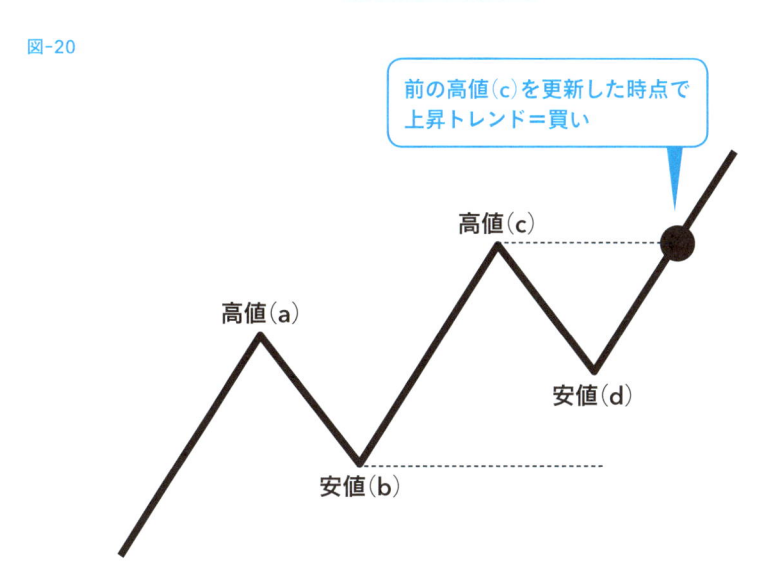

図-20

前の高値（c）を更新した時点で
上昇トレンド＝買い

高値（c）

高値（a）

安値（d）

安値（b）

値（b）の間のレンジとなります。よって高値（c）を上抜けるか、安値（b）を下抜けるかが、今後の動きを決めることになります。

　その後の高値（c）から下落して安値（d）に下げる動きは、このレンジ内の動きです。そして安値（d）で下げ止まり再び上昇します。さらに高値（c）を上抜けた瞬間、「高値（c）が更新され、安値（b）は更新されていない」ので上昇トレンドが継続となります。

　取引するなら、高値（c）を越えて新高値を付けたところで、上昇

トレンドになったので、新高値買いで参入することになるわけです。

下落トレンド

図-21

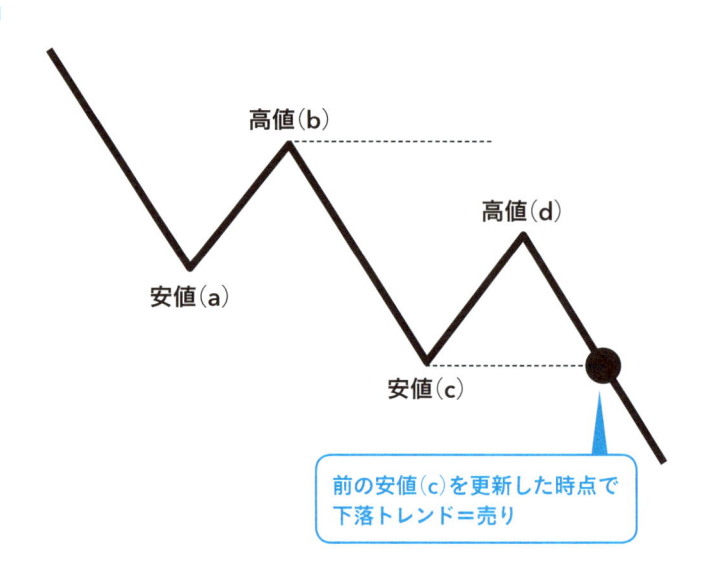

高値（b）
高値（d）
安値（a）
安値（c）

前の安値（c）を更新した時点で
下落トレンド＝売り

　これは図−21の下落トレンドでもまったく同じです。
　下落トレンドの中で安値（c）で下落が止まり、値動きは安値（c）とその前の高値（b）との間のレンジになります。レンジになった時点では、安値（c）を下抜けて下落トレンドが継続するのか、高値（b）を上抜けて下落トレンドが終了するのかわかりません。未来はわからないからです。
　その後、安値（c）からレンジの中を上昇したものの（d）までしか戻せず再び下落して安値（c）を下抜けたときに下落トレンドが継続します。そして、新安値ができたので、同時に戻り高値もこれまでのレンジの上限だった（b）から、（d）に移動し、高値（d）を上抜けない限り、下落トレンドが継続することになります。

この高値と安値の判断を間違える場合が多いので、次のように覚えておきましょう。

上昇トレンドの押し目安値は、高値より前（過去）にある
下落トレンドの戻り高値は、安値より前（過去）にある

　こう考えると、高値更新する前の安値や、安値更新する前の戻り高値は、レンジの中にたまたまできた安値や高値だということがわかります。そして、押し目安値や戻り高値を把握すると、ここからどちらに動くか迷っているレンジを見つけることができ、相場に迷わなくなってきます。

終了のサインが出るまでポジション保持

　ここまで説明したように、上昇トレンドは「高値更新し、安値を更新しない」ですし、下落トレンドは「安値を更新し、高値を更新しない」でした。

　この上昇トレンドの条件となっている安値は、「押し目安値」ですし、下落トレンドの条件にある高値は「戻り高値」です。

　ということは、上昇トレンドの中で徐々に切り上げてくる「押し目安値」や、下落トレンドの中で徐々に切り下げている「戻り高値」を越えない限り、トレンドは継続していくことになります。

　つまり、この「押し目安値」と「戻り高値」がトレンドの終了サインであり、トレンドの転換点になるということです。

　これがわかると、「押し目安値」や「戻り高値」の外に損切りを置いてトレンドが続く限り利益を伸ばしていくことができます。

　新高値や新安値ができたらトレンドが継続し、「押し目安値」や「戻り高値」を付けたらトレンドが終了する、というのがダウ理論の中核と言える部分です。だからこそ、マーケットの高値や安値がどこなのか、ローソク足の高値や安値がどこなのかが重要になるわけです。

ダウ理論 9

トレンドの条件が崩れる場面を考える

押し目買い・戻り売りは設定ミスのリスクあり

儲けへの道

値動きを追えば
後解釈はない

「生」の状況に対応するには値動きを丁寧に見る

　ダウ理論に従うと、高値買い・安値売りすることになります。これは「ブレイクアウト」とも言います。これが私も最初はできませんでした。高値を買ったらその後下がってきたり、安値を売ったら上がってきたりして、すぐに利益が乗らないことが多かったからです。

　またトレーディングを学び始めると「押し目買い」や「戻り売り」が推奨されています。「できるだけ損切り幅を狭くしたい」と考える当時の私もこれらの手法を身に着けようとしていました。

　しかし今、多少はFXに熟練してきた私は、押し目買いや戻り売りは損切り設定のミスを犯す危険性があると考えています。

　では、図表を例に見ていきましょう。

　図−22のようなトレンドがでている図表を見ると、階段状の安値ができたら安値の下に損切りを置いて買いエントリーすればいい、と考えがちです。

誤解されやすいイメージ図

図-22

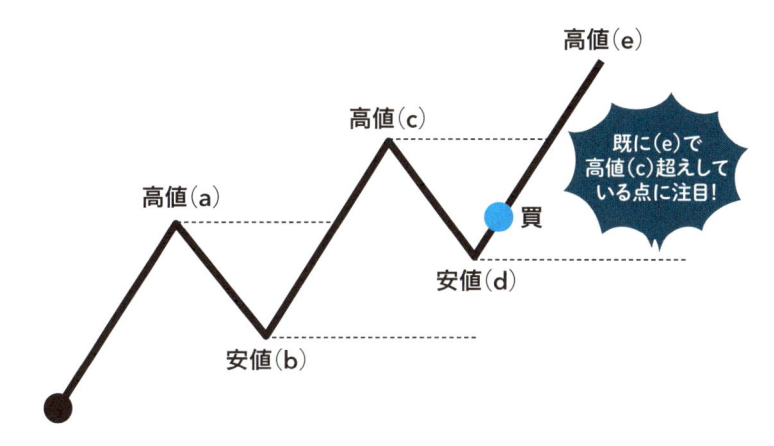

```
高値(a)　高値(c)　高値(e)
安値(b)　安値(d)　買
```

既に(e)で高値(c)超えている点に注目!

しかし、ここが要注意なのです。

買いポジションを持った後、時間が経過して高値(c)を越え高値(e)まで動いた後から説明するこの図表では、「高値を更新し安値を更新していない」ので上昇トレンドになり、安値(d)に損切りを置いて問題ありません。でも、これは、後講釈です。

私たちが実際にマーケットで取引しているときは、今まさに目の前、「生」の状況に対応して戦略を考えなければならないので、もう少し丁寧に値動きの推移を考える必要があります。

損切りが上手くいかない人は、こうした後講釈の理想像だけをイメージしているかもしれません。少し図表が増えますが、大事なことなので、細かく説明していきます。

そこで、図-23の状況を値動きで細かく見ていきましょう。

まず値動きは高値(a)を付けた後、安値(b)まで下げたものの、そこから再び上昇して高値(a)を更新して高値(c)を付けました。そして再び下げて安値(d)を付けたあと上昇し始めたポイント(e)

で買いポジションを作りました。

　高値（c）は更新していませんが、値動きは全体として上昇してきているので、この下げた安値（d）を押し目とした買い取引で、押し目買いをしたわけです。この（e）で買えば、直近の安値（d）に損切りを置くことで、損切り幅を狭くすることができます。損失を小さく、利益を大きくという「損小利大」の考え方にも合っているように思います。

　しかし、ダウ理論での上昇トレンドの条件は「高値を更新し安値を更新しない」でした。この押し目買いでは「高値（c）を更新」していません。つまりまだ上昇するかどうかは未知数の状況です。

　買いエントリーした（e）は、高値（c）と安値（b）の間のレンジであるわけです。

　ここで注目は、レンジが高値（c）と安値（d）ではない、ということです。逆にこのときレンジを高値（c）と安値（d）とで考えたから損切りを（d）の下に置くのですが、ここにリスクがあります。

　先の100ページの「新高値は買い、新安値は売る」でも説明しましたが、高値（c）を上抜けるまでは、（c）と（b）の間でのレンジでした。高値（c）を上抜けて売り手より買い手が強まらないうちは、売り手と買い手の勢力争いの中にあります。ということは、安値（d）はたまたま一旦ここで下げ止まっただけの可能性があるわけです。

　ということは、レンジ内にある買い値（e）も同様に上がるかもしれないし、下げるかもしれない、というレンジの中で方向は定まっていません。高値（c）を上抜けるか、安値（b）を下抜けないうちは値動きは定まらず上下動が繰り返される可能性が十分にあります（図−24）。

　すると、そのレンジ内の上下動で、安値（d）を下抜ける可能性も十分にあるわけです。これで損切りが執行され損失が確定します（図−25）。

　最悪なのは、この安値（d）で損切りが執行された後に結局は上昇

細かく見た値動き①

図-23

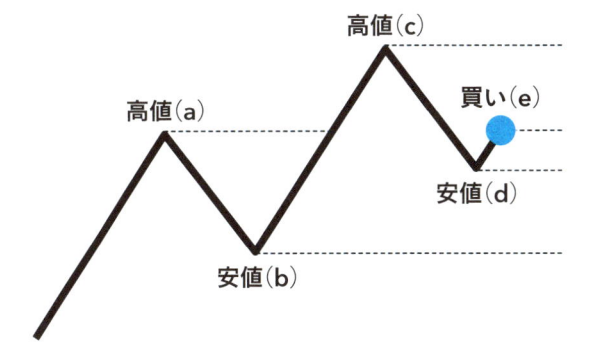

高値(a) / 安値(b) / 高値(c) / 安値(d) / 買い(e)

図-24

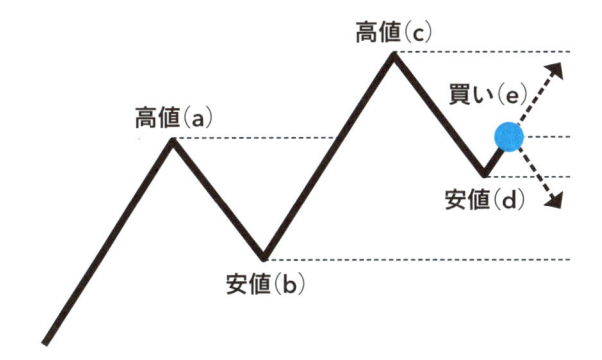

高値(a) / 安値(b) / 高値(c) / 安値(d) / 買い(e)

図-25

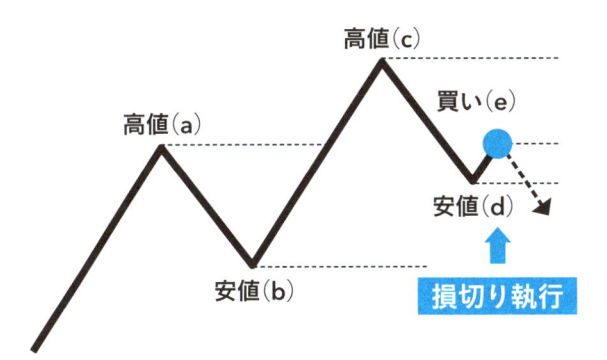

高値(a) / 安値(b) / 高値(c) / 安値(d) / 買い(e)

損切り執行

した、という場合です。

　自分の損切りだけが取られ、結局は最初ポジションを持っていた方向（この場合上昇の買いポジション）に動いた、ということになります。図－26のようにレンジの中で安値（f）を付けてから上昇して、高値（c）を越えるまではレンジの安値は（b）ですが、高値更新した時点で安値は（f）に切り替わります。そして次に付ける高値（h）と安値（f）とのレンジが再び起こることになります。

　このレンジをどうとらえるかで、押し目（または戻り）がどこかが違ってきます。このときもダウ理論を判断の基準とすると迷いがなくなり、チャートや値動きをシステマチックに考えることができます。

　こうしたトレンドもどこかで終わるときがきます。ダウは「トレンドは終了サインが出るまで続く」と言っていますが、そのサインはどのような形になるのでしょうか。

　これもダウ理論のトレンドの条件が崩れる場面として考えてみましょう。

　先ほどまでの動きで、高値（c）を更新して上昇トレンドが続きます。今回は押し目買いではなく、従来の新高値で買いをしたとしましょう。

　図－27のように高値（c）を越えたところで買いポジション（g）を作ったとします。高値（c）を更新した時点で上昇トレンドなので、安値は（b）から（f）に移動します。

　そして高値（h）を付けてから下げてきた場合、この売り手と買い手の勢力争いであるレンジは、高値（h）と安値（f）の間ということになります。よって損切りは安値（f）に置いています。

　ところがそのまま下落が強く、安値（f）を割り込みました。つまり安値更新です。この時点で上昇トレンドの条件である「安値を更新せず」が崩れたことになります。ということは、この安値（f）を割りこみ、取引では損切りが執行されたところで、この上昇トレンドは終了することになります。

細かな値動き②

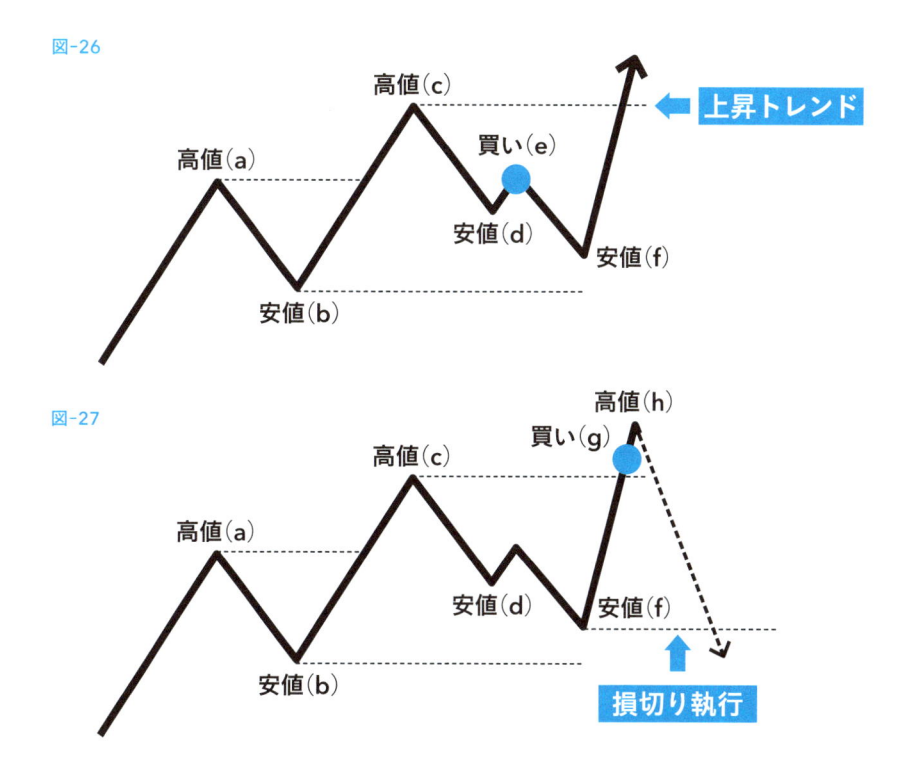

図-26

高値(a) / 高値(c) / 買い(e) / 上昇トレンド
安値(b) / 安値(d) / 安値(f)

図-27

高値(a) / 高値(c) / 買い(g) / 高値(h)
安値(b) / 安値(d) / 安値(f) / 損切り執行

　よって、他のテクニカルもそうですが、ダウ理論もトレンドの最後では損切りさせられてしまいます。**これは仕方のないことです。**だからこそ、トレンドの終了サインが出るまでは、トレンドの慣性に従って取引をして利益を拡大しておくことが大事なのです。

損切りは「押し安値」付近に

　いくつかマーケットの具体例を出してみます。
　図-28は2017年6月14日にFOMCが利上げした後のドル円です。6月14日の108.833からドル円相場は上昇して6月20日には111.785まで上昇します。この高値を付けた後は下げて、6月22日に110.950を付けます。

損切りポイントはレンジの下限

図-28. ドル円　日足　2017年6月13日〜23日

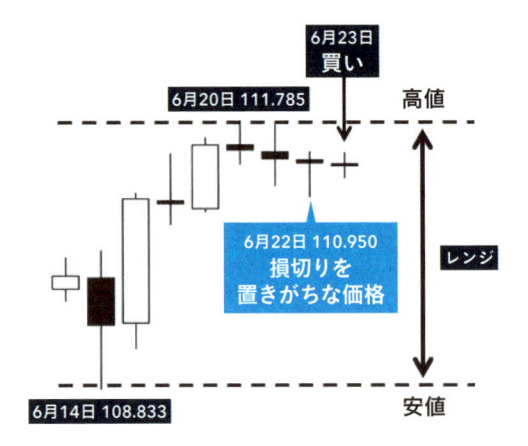

```
6月23日 買い
6月20日 111.785                          高値
6月22日 110.950
損切りを置きがちな価格            レンジ
6月14日 108.833                          安値
```

　ここが押し目安値と考えて、その翌日6月23日に買う場合を考えます。多くの方はこのとき、6月22日の110.950が押し目安値と考えて、この下に損切りを置いて買いポジションを持ちます。

　高値が6月20日なら、安値は6月14日であって、6月22日ではありません。なぜなら6月20日の高値を更新していない6月23日の時点では、6月20日と6月14日のレンジの中にあるからです。

　レンジの中にあるということは、先に説明した通り売り手と買い手が拮抗しており、この範囲内はどこにも動く可能性があります。すると、その中にある6月22日安値に損切りを置くのは適切とは言えません。レンジ内の動きで損切りに遭う可能性が十分にあるからです。押し目買いのリスクがあるわけです。

　この6月23日時点で買いエントリーするなら、損切りは6月14日の安値の下、108.800付近に置くことを考えるべきです。

　その後、ドル円は上昇して、翌6月26日には、6月20日の高値を

損切りポイントが移動

図-29. ドル円　日足　2017年6月13日〜28日

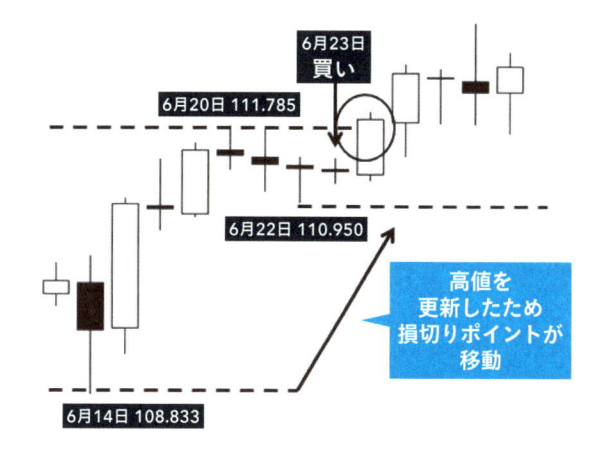

僅かですが越えました。高値更新です。この高値更新で、6月22日の押し目安値が確定しました（図－29）。高値更新で安値が6月14日から6月22日に移動しました。

　この時点で、6月14日安値の下に置いていた損切り注文を6月22日安値の下に移動させます。そして、この先はこの損切りの逆指値を移動させる作業を繰り返します。

　つまり高値更新で安値が切りあがり、それに合わせて損切り注文を引き上げていくわけです。買い値を越えると逆指値は損切りではなく、利益確定の逆指値になり利益を確実にしてくれます。これはトレンドが反転する転換点、つまり、ダウ理論のトレンド終了の明確なシグナル発生まで続き、利益を伸ばすことができます。

ダウ理論 10

高値と安値を追いかける

トレンドの転換点で利確・損切りをする

儲けへの道

転換点がわかれば取引はシステマチックになる

トレンドの明確な終了シグナル

　ダウ理論が「トレンドは明確な終了シグナルがあるまで続く」のであれば、明確な終了シグナルが出れば、そこで利確や損切りすべきだと考えます。それは、ここがトレンドの転換点となる可能性があるからです。

上昇トレンド＝高値が更新し、安値が更新されない
ということは⇒高値が更新されず、安値が更新された
＝トレンド転換の可能性
下落トレンド＝安値が更新し、高値が更新されない
ということは⇒安値が更新されず、高値が更新された
＝トレンド転換の可能性

　これを図表で表すと、右の図－30のようになります。
　前の高値（この場合c）を越えて上昇トレンドが明確になったときに

上昇トレンドの転換点

図-30

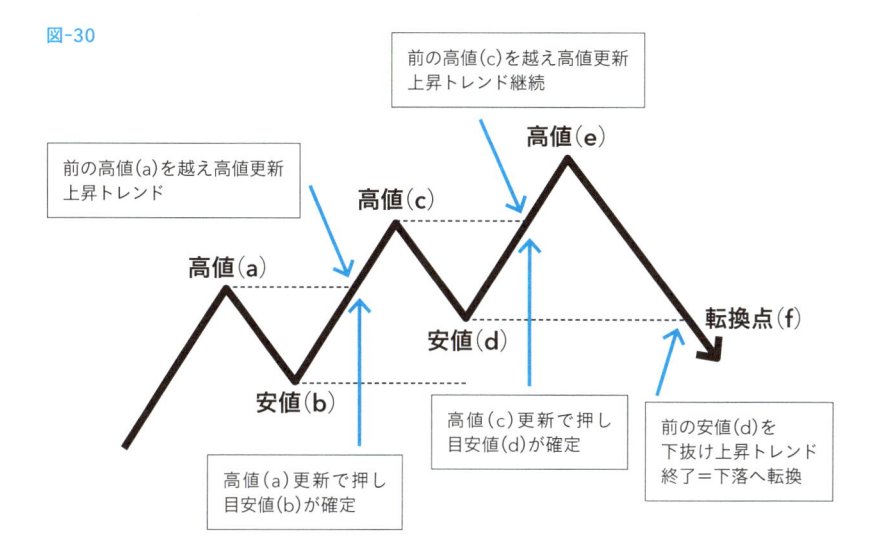

[図: 上昇トレンドの転換点を示す波形図
- 高値(a): 前の高値(a)を越え高値更新 上昇トレンド
- 安値(b): 高値(a)更新で押し目安値(b)が確定
- 高値(c): 前の高値(c)を越え高値更新 上昇トレンド継続
- 安値(d): 高値(c)更新で押し目安値(d)が確定
- 高値(e)
- 転換点(f): 前の安値(d)を下抜け上昇トレンド終了＝下落へ転換]

　決まった安値（この場合d）を下抜けると、「高値が更新し、安値が更新されない」という上昇トレンドの条件に反することになります。つまり「安値更新」が起こったわけで、これで上昇トレンドは終了します。ただし、ここから下落トレンドになるかというと、そうではありません。なぜなら下落トレンドは「安値が更新し、高値が更新されない」なので、安値更新だけでは不十分で、前の高値を越えないことが必要だからです。

　これまで上昇トレンドが続いていたわけですし、転換点（f）を下抜けた時点では下落トレンドになるのではなく、まずはレンジになる可能性も考える必要があります。そこで、この転換が上昇トレンドから下落トレンドへの転換になるのか、上昇トレンドからレンジへの転換となるのかは、前の高値（e）を上抜ける動きになるか、前の高値（e）を上抜けない高値ができるかにかかってきます。つまり高値（e）が下落トレンドの戻り高値になったわけです。

　では下落の動きになるかどうかの続きの動きを見てみましょう。

下落トレンドの継続

図-31

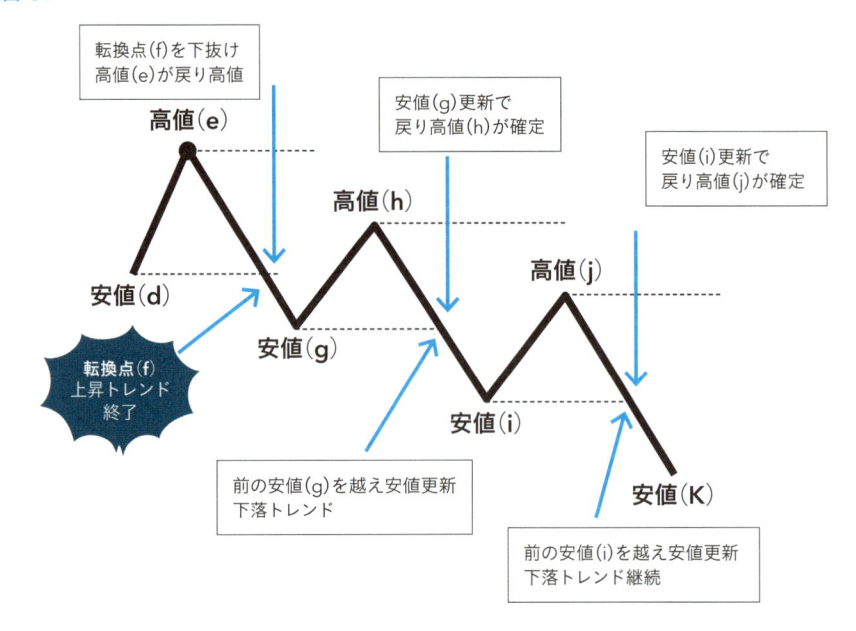

図-31の転換点（f）を過ぎて安値更新したので、高値（e）が戻り高値となります。ということは、この戻り高値を上抜けることがなければ、「安値が更新し、高値が更新されない」ということになり、下落トレンドが発生します。

つまり、上昇トレンドであれば「押し目安値」が転換点であり、下落トレンドであれば「戻り高値」が転換点となります。この点からも、マーケットの値動きに注目し、高値と安値がどこなのかを常に追いかけて1日2回ぐらいは日足チャートを見る必要があります。

このことを理解していると、予めわかっている転換点に逆指値注文を置くこともできます。上昇トレンドであれば、押し目安値に買い注文の損切り逆指値を置きますが、同時にこのポイントが転換点でもあるので、新規の売り注文を置いておくことができるわけです。

実際にトレンド転換が起こった例

図-32. ドル円　日足　2017年6月〜8月

　だんだん複雑になってきたので、図－32の実際の事例を見てみましょう。チャートはドル円の日足で、2017年6月14日にFOMCが利上げして、108.833を底に、7月11日に114.493へ上昇してから、再び下げていく動きです。チャートには出ていませんが、この後ドル円は9月8日の107.287まで下落が続きます。

　6月14日からの動きは高値を更新し安値が切り上がり、上昇トレンドになっています。すると、7月11日の高値の前の押し目安値は6月30日の111.713でした。7月5日の112.817とすることもできるかもしれませんが、安値かどうか微妙なので、6月30日のほうがハッキリしています。

　すると、6月30日の111.713を下抜けたところからは下落が続き、このチャートでは出ていませんが、9月7日には107.287まで4円以上下落しています。この転換点を下抜けてから上に戻ることはなく、ダウ理論の通り、ここでトレンドが転換しました。

　もう1つ、これは私が西原メルマガでも配信していたポンド円の動

115

きの事例を見てみます（図－33）。

　ポンド円日足は6月から上昇してきましたが、7月11日の147.767の高値を付けます。翌日145.273の安値を付けますが、ここが押し目安値になるかどうかは、7月11日の高値を更新できるかどうかにかかっています。そして、7月17日には147.610まで上昇しますが前の高値（147.767）を更新できませんでした。ということは、この時点でポンド円は7月11日高値と12日安値の間でレンジとなります。

　そして7月20日は下ヒゲで7月12の安値を下抜けました。ヒゲでも安値が更新されたことには変わりはありません。この時点でポンド円はレンジを下抜けました。レンジの下限であった7月12日の安値145.273円は転換点となり、ポンド円は上昇トレンドが終了し下方向に転換した可能性が出てきます。

　下落トレンドの可能性が出てきたポンド円は7月24日に144.028まで下げます。その後戻り高値を付けに行きますが、この高値が7月11日の高値を上抜けたら、この下方向の可能性はキャンセルされます。「高値を更新せず」というダウ理論が崩れるからです。しかし高値は8月3日に146.801まで上昇しますが、7月11日高値には届いていません。ということは、7月24日の安値を下抜けると、「安値が更新し、高値が更新されない」ことになるので、下落トレンドが明確となります。

　8月8日のメールマガジンでは、「注目は、7月24日安値144.028で、ここを下抜けるとポンド円は下げる可能性が高まり」と書いてチャートの重要ポイントが近づいていることを案内していました（なお私は相場観を伝えるのではなく、チャートが示す転換点や節目をご案内するだけです）。

　その後、マーケットは配信同日に144.028の7月24日安値を更新し、下落トレンドとなり、その後139円台まで下落します。

　ポンド円は139円台で底打ちして、その後は反転上昇していきます。

高値安値を追いかける

図-33. ポンド円　日足　2017年7月〜10月

8月24日の安値の前の高値は8月15日の143.187なので、この手前に戻り高値ができるのか、ここを下抜けて転換点になるのかが注目されます。よって売りポジションを保有していれば、この付近に決済の逆指値をしておきますし、反転に備えた新たな買いの逆指値もしておきます。ポンド円は8月24日の139.306と、8月15日の143.187でレンジとなりますが、9月11日に8月15日高値を上抜けます。下落トレンドが終了し、転換したわけです。そこからのポンド円は急騰して、8月24日の安値に近付くこともなく一気に151円台まで上昇しました。

　この7月から9月のポンド円は、ダウ理論の教科書通りの動きでしたし、ポンド円は動く値幅も大きく、大きな利益になりました。

　重要なのは、常に高値と安値を追いかけ、押し目や戻りはどこか、高値や安値を更新したかどうか、ということをローソク足が出る毎にチェックすることです。このように書くと大変そうですが、日足なら1日1回チャートをチェックして高値と安値を確認すればいいですし、週足なら週始めに1回に前週の動きをチェックするだけで済みます。

ダウ理論 押さえておきたい 5つのポイント

① 基本にして王道のダウ理論
手を出すべきでないマーケットがわかると損失が減る

② 100年以上使われ続ける信頼性を味方にする
値動きの分析者は100年前から同じものを追い求めている

③ 余計なことを考えず、値動きだけを見る
値動きにはすべての要因が含まれていて、その結果が反映される

④ トレンドの中盤が簡単で儲けやすい
兼業トレーダーはココを狙うことに集中する

⑤ 高値・安値の把握が収益に直結する
トレンドがどこまで続くのかは明確な基準がある

PART 4

移動平均線

移動平均線を使ってトレンドの中盤を明確にする

ダウ理論でマーケットの現状がわかるようになったら、多くの人が使っている移動平均線を補助として入れてみましょう。複数のテクニカルを取り入れることで精度も上がり、よりトレンドが続く場面を見つけやすくなります。

移動平均線 1

目的は値動きの分析

値動き分析を基本にテクニカルを追加する

儲けへの道
表面的な情報に振り回されない

補助的に移動平均線を使う

　1冊の本の制作には、著者である私のほかに、出版社の担当者、編集者、デザイナー、イラストレーターなど様々な人が関わっています。

　本の制作関係者の中でも編集者は、原稿の最初の読者でもあります。しかし文章のプロである編集者でさえ、チャートや図表があると、本文よりそちらに目がいきやすくなります。人間は文字情報より画像の情報に目を奪われがちなのです。

　これはFX取引をする個人投資家にも言えることで、取引戦略を考える上で最も重要なマーケットの値動きや売り買いの力関係より、チャートに描かれる視覚的な移動平均線や雲などのテクニカル分析ツールに目がいってしまう傾向があります。

　私自身も初心者のころは新しいテクニカルを追加すると、補助的に加えたはずの新しいほうに意識が向いてしまい、本来のものを見落とすことを何度か経験しました。「人間は新しいものに目が向いたり、

移動平均線は補助として使う

図-1

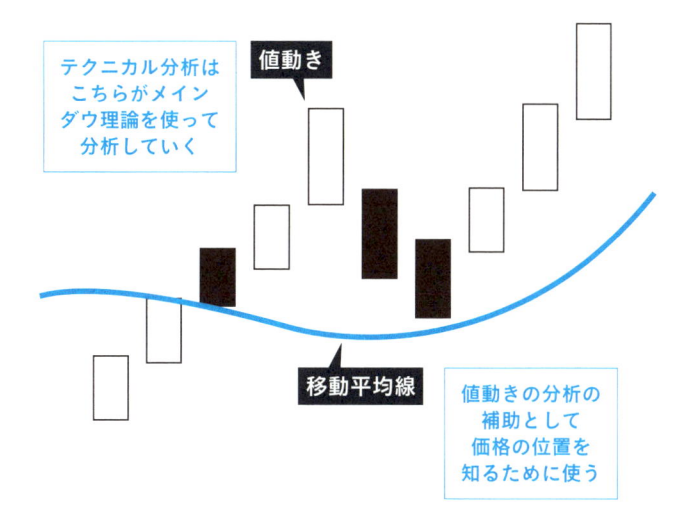

- テクニカル分析はこちらがメイン　ダウ理論を使って分析していく
- 値動き
- 移動平均線
- 値動きの分析の補助として価格の位置を知るために使う

視覚的なものに注意が向きやすいんだなぁ」と実感し、意識的にこうした傾向を回避する必要がある、と考えたことを覚えています。この人間の習性を意識していないと、目先のものに囚われて大事なものを見落としてしまうのではないでしょうか。FXで上手くいかない場合は、こうした心理的な罠に陥っている可能性も考えたほうが良さそうです。

本書で冒頭からずっと地味な値動きを重視することを伝えてきたのもこのためです。マーケットの値動きは、相場取引の本質であり、これを見落として表面的なテクニカルや情報に振り回されないようにしなくてはなりません。

ただ、ここまで読み進めた人には、すでに私の意図が伝わっているでしょうから、本章からは本格的に「移動平均線」や「ディナポリ」というようなテクニカル分析ツールを加えて、マーケットを判断する方法を解説していきます。これはチャールズ・ダウが言っていた「複数の指標でトレンドを確かめる」ことの具体化でもあるわけです。

移動平均線 2

利食いの目安としても使える

取引すべき相場をわかりやすくする

儲けへの道

長く使われてきた
普遍性にも注目

単純移動平均線（SMA）を知る

　数あるテクニカル分析ツールの中で、最も基礎的なものの1つが移動平均線です。数値を分析する際に平均値を出すことを考えるのは自然なことでしょう。

　ただ、マーケットの値動きのように、過去から将来にずっと続くものの平均を出すためには、一定の期間を定めないと永遠に計算を続けることになります。そこで一定期間を定めた平均値を使います。

　移動平均線にも単純に一定期間の平均を出した単純移動平均（SMA）もあれば、より複雑な計算をした指数平滑移動平均（EMA）や、加重移動平均（WMA）、などもあります。また後の章で解説する、ずらした移動平均（DMA）という画期的な考え方もあります。

　その中で、私が重視するのは本書で取り上げているローソク足やダウ理論のように、昔からあり、ずっと使われているテクニカルとしての普遍性という視点です。

単純移動平均線は平均値をつないでいる

図-2

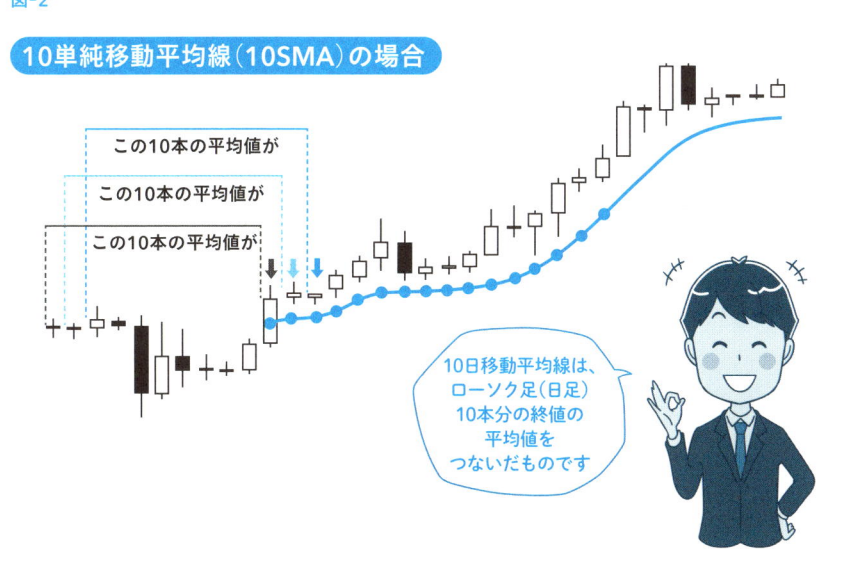

10単純移動平均線（10SMA）の場合

この10本の平均値が
この10本の平均値が
この10本の平均値が

10日移動平均線は、ローソク足（日足）10本分の終値の平均値をつないだものです

　普遍性の観点で見れば単純移動平均線をまず知るべきです。1990年代ぐらいまでは銀行のディーリングルームにも、現在のパソコンやスマホのように簡単にチャートや複数なテクニカルを描画できるものはありませんでした。このため為替取引のプロである彼らディーラーは自前の手書きチャートをグラフ用紙などで作っていました。今でも50代以上の元ディーラーに聞けば、みんな自分でチャートを書いていたはずです。そのチャートはもちろん日足です。

　毎日の4本値（始値・終値・高値・安値）からローソク足を手書きする手間は、大変だったでしょう。となれば、移動平均を毎回計算し、書き足すことはさらに大変で、テクニカル分析ツールも単純移動平均ぐらいしか使えなかったのではないでしょうか。

　単純移動平均線（Simple Moving Average）は、平均値をつなげて線にしたものです。 多くの人が使うとされる21期間の単純移動平均線（21SMA）では、現在の値段が過去21期間の平均値より高ければ、

移動平均線の上側に値動きやその結果であるローソク足があり、平均値より低ければ下側になります。これはとても単純です。また現在値が平均値と同じなら、移動平均線の線上に現在値があります。**つまり移動平均線と現在値との上下の位置関係を見ることで、現在の値動きの傾向やその延長にある今後の動きを考えます。**

　マーケットで買い手が多くなれば、最初は値段が移動平均線の下側にあったとしても、上昇の値動きが続いていれば、いずれ移動平均線の上側になり、さらに上側を上昇していくことになります。そして値段の上昇に合わせて、移動平均線自体も上昇して平均線は上向きになっていきます。

トレンド序・終盤は移動平均線に近づく

　事例として示した図-3のカナダ円の日足では、2017年6月7日は安値が80.871ですが、6月7日時点の過去21日の平均値は82.448なので、移動平均線の下側に値段やローソク足があります。

SMAの上で価格が推移している例

図-3. カナダ円　日足　2017年5月～8月

そこからカナダ円は上昇して６月12日の陽線が21SMAを上抜けます。この時点で値動きが過去21日間の平均値を上回ったわけです。その後は、７月26日の高値までほぼ上昇を続けていきます。

　チャートが示す通り、上昇が続くなら、値段やローソク足は移動平均線の上側で推移していなければなりませんし、下落するなら下側にならなければなりません。６月７日の底から７月26日の天井までの動きは、上昇トレンドの典型で、チャートもとてもわかりやすい形を示しています。

　しかし、６月７日を底に上昇する前の５月中の動きを見ると、陽線が続いて上昇するかと思うと、大きな陰線が出て下げてしまったり、移動平均を下抜けたかと思うと、再び上昇して移動平均を上抜けたりしています。

　先ほど、上昇なら上側で推移しなければならない、と言いましたが、この５月はこうした動きになっていません。値動きから売り手と買い手の力関係を見ると、５月10日の高値で上値が抑えられ、売り手が増えて下げてしまいますし、５月18日には安値を付けてから陽線が続いて上昇しているということは買い手が増えた、ということです。この５月は80円半ば付近が底になり、83円中盤から後半が天井になっています。５月のカナダ円はこの範囲のレンジ相場になり、動きにくくなっていたわけです。

　この５月の値動きは、前章のダウ理論で３番目の法則として紹介したトレンドの３局面の序盤にあたる部分です。前章でも解説しましたが、このトレンドの序盤と終盤は値動きが定まりにくく、手を出しにくいマーケットです。

　序盤はこれからトレンドが本格化するかどうか迷っている場面です。売り手と買い手の力関係がもみ合っていて、どちらに傾くかの勢力争いの段階と言えます。

　また終盤はトレンドが大きく成長した後で、これまで主力だった勢力（このカナダ円では買い手）が衰え、ここでも売り手と買い手の力

トレンドの中盤が利益をくれる

図-4. カナダ円　日足　2017年5月〜8月

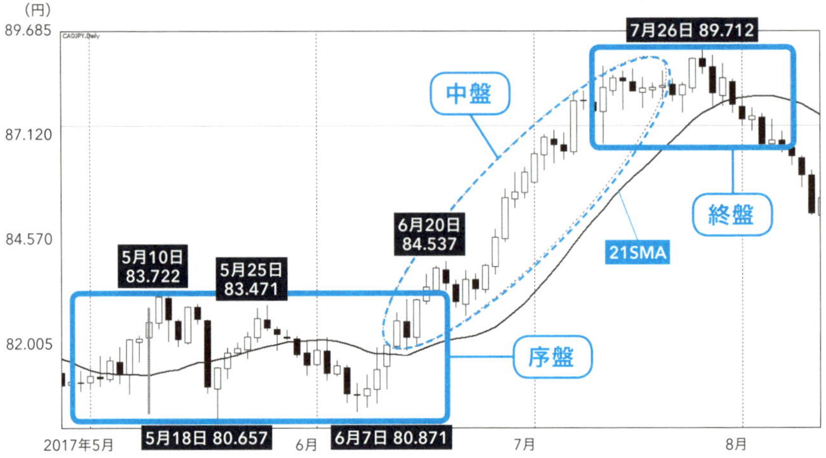

　がもみあってきます。

　図−4で示したこうした序盤と終盤では、移動平均では特徴的な動きになります。それは値段やローソク足が移動平均線に接近していく、ということです。トレンドが明確な中盤は売り手と買い手の力が明白となり、誰もが同じ方向に参入した結果強いトレンドができます。よって移動平均線から離れた状態が続きます。

　私たちが取引すべきなのはこうしたトレンド中盤の上昇の値動きが明白なマーケットです（点線で囲んだ部分）。

　しかし序盤や終盤は上がるか下げるかで勢力争いしているので、移動平均線を挟んで上下する状況が続き、前の高値を上抜けたかと思うと、前の安値も下抜けたりして、ダウ理論やローソク足では騙される場合もでてきます。こうした取引しにくい場面で1本でも移動平均線を入れると、ローソク足が移動平均線を中心に上下していたり、移動平均線に絡んでいて、平均から離れていかない、つまり平均付近で均衡を保とうという力が働いていることが推測できます。

移動平均線の近くは動きの前兆

　昔から松竹梅の定食があると、真ん中の竹が一番注文されるそうです。スターバックスコーヒーでも、ショート、トール、グランデ、ベンティと４サイズありますが、ベンティは巨大なので実質３種類です。すると真ん中のトールを選ぶでしょう。人は迷ったら真ん中つまり平均を取りたくなるのかもしれません。

　先がわからないのに、どちらか一方に賭けるのはギャンブルで、結果は「運」でしかありません。しかし、準備をして小さな変化を観察して対応するのは、スポーツでも、ビジネスでも、FXでも同じ成功への道です。

　この先起こることの準備として、どちらにも対応できるという意味で、ニュートラル、**つまりFXの値動きであれば平均に戻ることが起こりやすいのではないでしょうか**。これは値動きの方向がわかりにくくなった場合に、トレーダーが保有ポジションを解消する動きとも合致しています。

　値動きが移動平均線に近いところは、マーケットの方向が定まらず手を出しにくくなりやすいとともに、この先動きが起こる前兆でもあります。移動平均線の典型的な使い方として、移動平均線が上向きか下向きかがハッキリしている状況では、移動平均に戻ってきたところが買い場や売り場になります。移動平均線が上向いているとか下向いているという、トレンドがハッキリした状況であれば、一旦短期の利食いで平均に戻ったところで、再びトレンド方向へのポジションが増えるタイミングだからです。

　移動平均線に頼らずダウ理論で高値や安値をチェックしておくことは基本として大事ですが、複数の判断方法で確率を上げることはもっと重要なのです。この点からもローソク足の値動きやダウ理論を補う視点として、移動平均線を補助的に加える意義があるわけです。

移動平均線 3

誰もが使う「21」を使う
トレードでは多くの人が使うものを利用する

儲けへの道

トレードは攻めだけでなく守りも重視する

多数派が使う21SMA

　ここまで、単純移動平均線の数値つまり平均値を計算する期間は、21を使っています。

　移動平均線のようにパラメーターの数値を設定するテクニカル分析ツールを紹介すると、必ずその数値を気にする人がいます。私もFXを始めたころはブログやセミナーで見たテクニカルがどのようなパラメーターで使われているかがとても気になりました。ときにはWEBセミナーの画面に映るMT4のパラメーターの数値をチェックしたりしていました。

　しかし、これはあまり意味がありません。
　私もかつてそうでしたが、パラメーターを気にするということは、「儲かっている人と同じ設定にすれば、自分も儲かるだろう」と考える段階なのでしょう。まだまだ自分の取引方法が確立していないFX

初心者なのだと思います。テクニカル分析をあまりよく理解してないこともあるでしょう。

スポーツに例えると、プロや有名選手と同じ道具を使ったからといって、その人と同じようなプレーはできません。道具が問題なのではなく、「技術」なのです。

FXで利益を得るには、「特殊なテクニカルや、当たるパラメーター、預言者のご宣託」ではなく、値動きからマーケット参加者の売り手と買い手の力関係を見ることが大事ですし、その「技術」を身に着けられるかどうかです。FX取引はこの点に集約されます。

では、なぜ単純移動平均線のパラメーターを21にするのでしょうか。フィボナッチ数だとか、1カ月の営業日数とか、いろいろな理由があげられていますが、この数値設定の理由を考えても、意味がありません。**期間21に設定した単純移動平均線（21SMA）は、多くのマーケット参加者が見ている可能性の高い数値だからこそ、使う意味があります。**

値動きが売り手と買い手の力関係、つまりどちらが多数派か、ということを重視するのと同じように、テクニカルも多くの人が使うものを利用するほうが失敗しにくいという考え方です。

パラメーターの数値を21ではなく、自分なりにアレンジすることも悪いとは思いません。ただし、それは両刃の剣です。パラメーターの変更は、自分がもっと早いタイミングでポジションを取りたいという欲望によって行う場合があります。早いサインを見つけてより多くの利幅を狙おうとか、自分のタイミングに合ったものにしようとか、もっと効率的な数値を探そうと思うわけです。これは誰もが通ってきた道なので、私にもよくわかります。

しかし、こうしたフィッティングをどの程度の期間で検証したのでしょうか。今の相場に合っていたからと言って、今後も上手くフィッ

数値を変更させたSMA

図-5. ドル円 日足 2016年〜2017年

　トして、収益をくれる保証はどこにもありません。だから私は歴史や普遍性を重視しており、長くマーケットで使われているものを上手に使うほうが効率が高いと考えています。

　また数値変更して利幅拡大を追求するということは、儲かることしか考えていません。**しかし攻めと守りが一体となっていないと、勝負は勝ち続けられません**。攻めが功を奏する場合もありますが、攻めてばかりいれば、守りが弱く大きく負けることが起こります。つまり攻めることだけをするギャンブルです。

　FXで儲からないのは、自分の攻めが遅いとか、守りが遅いとかではなく、マーケットの売り手と買い手の力関係を見ずに、自分勝手な

考えで参入するからに他なりません。日銀の巨額な資金での為替介入ですら円高を止められなかったのですから、個人投資家の資金でマーケットの動きに勝ることができるはずはないのです。

　FXの目的が利益を得ることなら、自分の勝手な思い込みやギャンブルをせずに、マーケットの動きである売り手と買い手の力関係を分析し、多数派に乗ることが大事です。そうした視点からは、多くの人が使う「21」を単純移動平均線の数値として使うのが理にかなっているのではないでしょうか。

適用価格は終値

　また、変えないという意味では移動平均線を算出するための数値のタイミングにも同じことが言えます。本書で使用しているチャートは、YJFXのMT4（Meta Trader 4 ＝メタトレーダー4）です。MT4は世界中の多くのFX会社が提供している多機能FXチャートで、個人投資家にとっては事実上の標準チャートです。

　MT4は多機能なので、移動平均線の平均値を計算する適用価格を、終値以外にもいろいろと選ぶことができます。

　しかし通常、こうしたテクニカル分析ツールの計算に使う適用価格は終値ですので、本書でも終値で計算したものを使っています。

　先ほど説明したように、ここでアレンジをする必要性はないと考えているからです。採用する数値を変えてもほんの僅かな違いしかありませんし、その違いによる利益より、上手くいかないときに迷う心理的な損失を比較すれば、変える必要はないと考えているからです。

　これまでいろいろなテクニカルをいじってきた経験から、細かな数値の変更で頭を悩ますのは、トレード技術の習得に遠回りだと言えます。

移動平均線 4

大小の動きが同時にわかる

違う時間軸の21SMAを同じ時間軸に表示する

儲けへの道

同じ時期の値動きを
チャートを変えて確認する

複数の時間軸を一括表示

　パラメーターの数値を変えるより、オーソドックスなものを使いながら、使い方に工夫をするほうが効率的です。お勧めは時間軸との関係で数値を変えて同じ終値の21SMAを複数の時間軸で見る方法です。移動平均線の期間を21、適用価格を終値と固定した上で、複数の時間軸の移動平均線を1つの時間軸のチャートに同時に表示させると、大きな流れと細かな動きを俯瞰的に見ることができます。

　日足21SMAでチャートを見る場合、もっと早い値動きの変化のタイミングを知りたければ、日足チャートに10SMAや5SMAを加えます。図－6にあるように日足に10SMAを表示させると、それは12時間（半日）足チャートの21SMAの位置とほぼ同じです。また5SMAは6時間足の21SMAとほぼ同じとなります。つまり、日足と半日足と、6時間足の21SMAを描いたチャートを日足1つで同時に見ていること

複数の時間軸の「21SMA」を表示させる

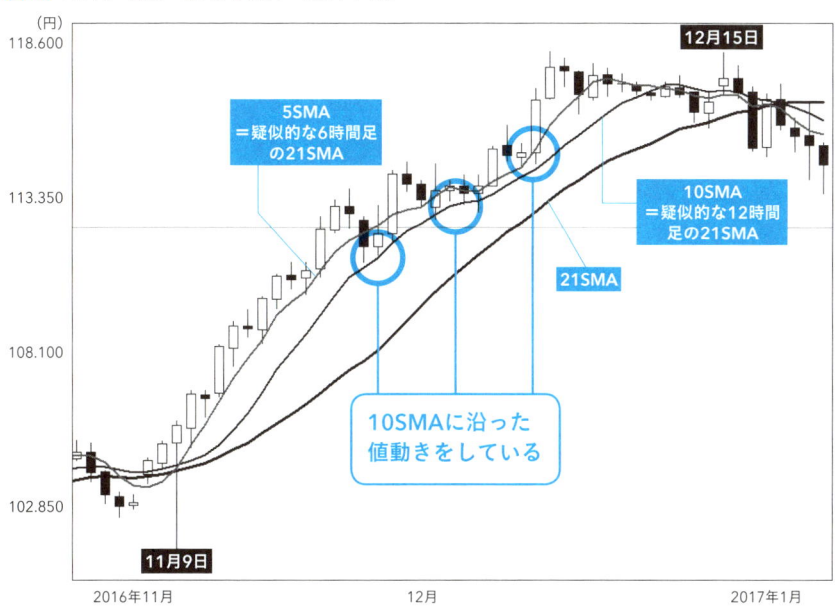

図-6. ドル円　日足　2016年11月～2017年1月

(円)
118.600
113.350
108.100
102.850

12月15日
5SMA
＝疑似的な6時間足の21SMA
10SMA
＝疑似的な12時間足の21SMA
21SMA
10SMAに沿った値動きをしている
11月9日

2016年11月　　12月　　2017年1月

とになります。すると、より短い時間足で起こる早めの変化を見つけることになります。また同様に日足に105SMAを表示させると、週足の21SMAを日足に擬似的に表示させることができ、大きな流れをつかみやすくなります。

　図－6はドル円の日足で、これまで何度もいろんな形で紹介した2016年の米国大統領選挙前後の動きです。同じ時期の値動きをいろいろな形のチャートで見ると、比較研究しやすくなりお勧めです。トランプ相場のような強い値動きでは、半日足の21SMAを示す日足の10SMAに沿った動きをしていることがわかります。こうして短い時間軸の21SMAも疑似的に表示させると、日足21SMAに戻らない動きの場合でも、取引のタイミングを見つけやすくなります。

移動平均線 5

実際の値動きで検証

複数の移動平均線の上・下抜けが狙い目

儲けへの道

ファンダに先行するテクニカル

予期せぬ政権交代も示すチャート

　2017年9月23日、ニュージーランドでは総選挙が行われましたが、与党国民党は定数120のうち56議席までしか取れませんでした。野党労働党は46議席で10議席の差があり、議席数1位の国民党がどの政党と連立して政権を維持するか、ということが焦点でした。

　しかし事態は10月19日に突然動き出します。野党だった労働党が議席3位のポピュリズム政党ニュージーランドファーストと連立するとのニュースが駆け巡ります。そうなるとニュージーランドは約10年ぶりの政権交代となりますし、ポピュリズム政党が政権の一翼を担うことになり、これでNZドルドル（NZDUSD）は売られて急落した、ということになっています。

　しかし、チャートはそうなっていません。図－7を見てみましょう。

　日足は9月20日を高値に下げ、9月23日の総選挙後に日足21SMAの下側になっています。またダウ理論が示す安値0.71840も9月26日

選挙前にはチャートは下げていた

図-7. NZドルドル　日足　2017年8月14日〜11月20日

（ドル）
0.74270　9月20日 0.74291
総選挙
0.72440　9月29日 0.72427
10月17日 0.71999
10月19日
0.71840
21SMA
8月31日
0.71271
0.70600
10月10日
0.70554
11月9日 0.69784
0.68770
安値も抜けている
10月27日 0.68186
2017年8月14日　9月　10月　11月

に下抜けます。ここは転換点です。このためNZドルドルの日足は9月26日からダウ理論も21SMAも下落の可能性を示し、実際、その後は下げています。

そしてニュースの出た10月19日もダウ理論は下向きのままですが、移動平均線で見るとちょうど21SMAに戻ってきたところから再び下げていきます。

この10月19日の予想外の政権交代は図-8の1時間足でもチャートは下げる可能性を示していました。

この1時間足では、10月17日が直近の高値ですが、その日のうちに0.71616の安値を割り込んでダウ理論も21SMAも下げる可能性を示し始めます。もしそこで売らなくても、10月13日の0.71271を割り込む時点では、1時間足21SMAも下抜けているので、売りポジションを持っていますし、その後10月19日当日は0.71698まで上昇して21SMAは上抜けますが、ダウ理論のレンジ上限となる高値は0.71761にあり、ここを上抜けないうちは下落を示しているため、売りポジションは維持しているはずです。

時間軸を下げてもテクニカルは機能する

図-8. NZドルドル　1時間足　2017年10月13日〜21日

そしてその後は予想外の政権交代からニュージーランドドルは大きく崩れていきます。

取引機会は2回示された

このようにダウ理論や21SMAという基本的なテクニカル分析ツールは、時間軸に関係なく機能することがおわかり頂けると思います。

前著で詳述しましたが、この1時間足に21SMAだけでなく、84SMA、504SMAを表示させると、84SMAは4時間足チャートの21SMAの位置を示しますし、504SMAは日足の21SMAを1時間足チャートに表示することになります（図−9）。

すると、丸で囲んだ部分で2回3本の移動平均線を下回るタイミングがあり、このいずれかで売りポジションを作ると、大きく利益を得ることができます。特に最初の売りサインでは、ニュージーランドの政権交代前にポジションを持つことになり、テクニカルが先回りすることになります。

3本の移動平均線

図-9. NZドルドル　1時間足　2017年10月13日～21日

- 10月14日 0.71953
- 10月17日 0.71999
- 0.71840
- 0.71761
- 10月17日 0.71616
- 10月19日
- 10月13日 0.71271
- 504SMA
- 84SMA
- 21SMA

3本すべての移動平均線を下回ったタイミング

複数の時間軸で見た21SMA対応表

図-10

1時間足	4時間足	6時間足	12時間足	日足
21SMA	10SMA	4SMA	−	−
84SMA	21SMA	10SMA	5SMA	−
126SMA	32SMA	21SMA	10SMA	5SMA
252SMA	63SMA	42SMA	21SMA	10SMA
504SMA	126SMA	84SMA	42SMA	21SMA

どの数値もどこかの時間軸の21SMAと対応しています

完全に一致するわけではありませんが、目安として十分です

4　移動平均線を使ってトレンドの中盤を明確にする

移動平均線 6

時間軸を変えると景色も変わる

今後のシナリオを検証してみる

儲けへの道

マーケットの偏りを
知るためにテクニカルを使う

ドル円の2018年以降の動き

　ここでは現在のドル円月足から、この本が出版された後まで含めて値動きのシナリオを示してみます。

　図－11のチャートはドル円の月足で、2011年の史上最安値75.578から、本書を執筆している2017年11月までの動きです。

　ドル円は75円台の歴史的安値を付けた後、月足の21SMA付近でもみ合っていますが、2012年9月安値77.115を底に、翌月には終値が月足21SMAを上抜けます。その後は2015年に125円台の高値を付けるまで月足の21SMAの上側で推移して明確な上昇トレンドです。

　2012年の12月にダウ理論で示される2012年3月高値84.174を上抜けると、21SMAもダウ理論も上昇を示し、そこから強く上昇していきました。

　このとき、ファンダメンタルズでは、民主党野田政権が野党自民党

上昇相場の始まりのサイン

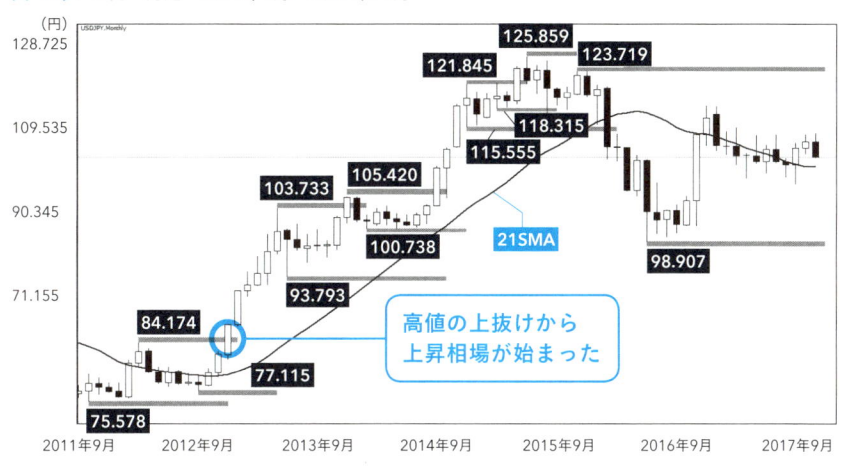

図-11. ドル円　月足　2011年9月～2017年11月

高値の上抜けから上昇相場が始まった

に解散を迫られ、巷では自民党安倍晋三総裁の提唱するアベノミクスが話題となりつつありました。そして12月には解散総選挙となり、自民党に政権交代します。

　ここで安倍首相はアベノミクスを国の政策として、日銀も積極的にデフレ阻止の大規模金融緩和を始めます。図－12にあるように黒田東彦総裁が就任した日銀は2013年4月から歴史的な異次元緩和を実施。ドル円は急騰しますが、翌5月に103.733で一旦頭打ちとなり、6月には93.793まで約10円急落します。中央銀行の異次元と言われる大規模な金融緩和が大して円安に働かないのは、本書で説明してきたことです。ファンダメンタルズでトレードするのは難しいと言わざるを得ません。

　ただドル円が下げたことで、円高派の人や、そうした人の意見でドル円を売った個人投資家も多かったようです。120円台ぐらいに上昇したころから、売りポジションを持ったまま10円以上踏みあげられて大きな損失を出した話があちこちからの噂で流れていました。

　このとき、冷静にチャートを見ていたら、チャートは21SMAに接

ファンダで取引しづらい相場

図-12. ドル円　月足　2011年9月〜2017年11月

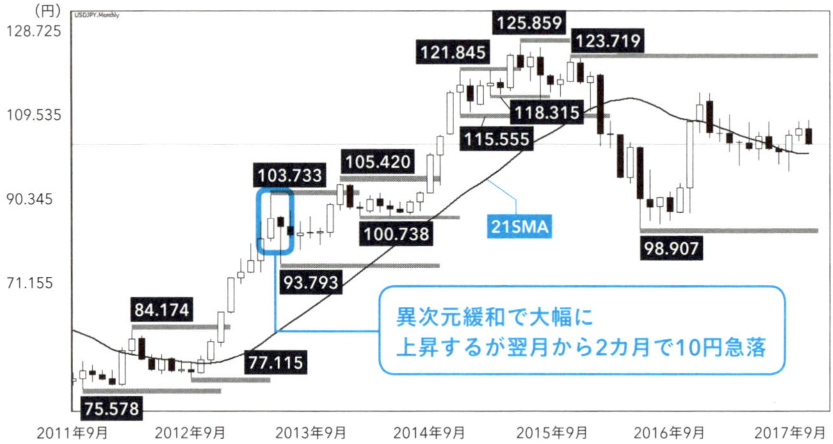

異次元緩和で大幅に上昇するが翌月から2カ月で10円急落

近していませんし、ダウ理論の安値は2012年の77.115ですから、月足では慌てて売り目線にする必要はありませんでした。自分の判断基準を持つことはとても大切です。

　図-13を見てみるとその後は100円を挟んだ上下で2014年9月に2014年1月の高値105.449を上抜けるまで、約1年半（15カ月）の間レンジ相場が続きました。**そしてレンジ相場で値動きがこう着しながら月足21SMAに接近してきて、再び上昇していきます。まさに教科書通りの展開です。**

　もちろん、これは結果論なので、この時点で21SMAを下抜けて下げていく可能性もありましたが、その場合は、2014年2月安値の100.738を下抜けなければなりませんから、ダウ理論に従いこの下に下げたら売るという戦略を予め考えておくことができます。

　では、今後の動きはどうなるのか、図-14の月足で2017年11月時点のドル円と今後を見てみましょう。

レンジになった際のシナリオの立て方

図-13. ドル円　月足　2011年9月～2017年11月

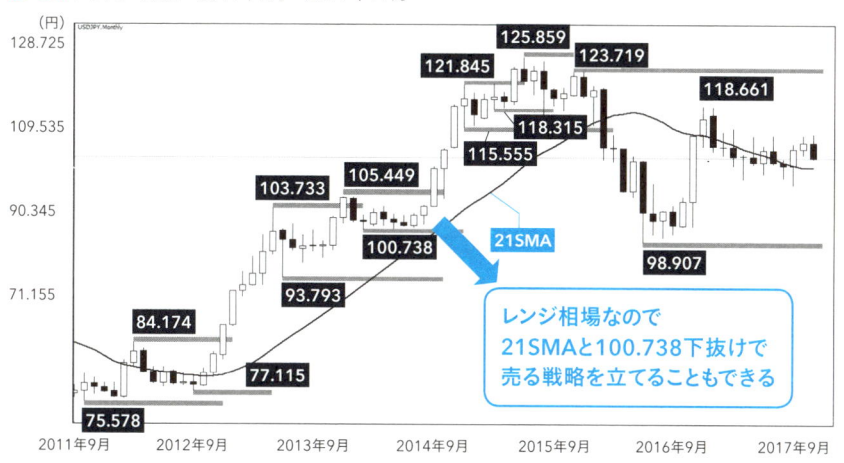

（チャート内注記：レンジ相場なので21SMAと100.738下抜けで売る戦略を立てることもできる）

　ドル円月足の高値は2015年6月5日の125.859です。その後は下げて、ダウ理論の転換点となる2015年3月26日安値118.315を2015年8月24日に下抜け、また2014年12月16日の安値115.555を2016年2月8日に下抜けます。

　125.859の前の転換点となる押し目安値を118.315と115.555のどちらで取るか多少違ってきますが、いずれにせよ、ダウ理論による月足のドル円は下向きとなりました。

　特に、2016年2月に115.555を下抜けたときには、月足の21SMAもほぼ同じタイミングで下抜け、月足の移動平均線も下向きを示します。2つのテクニカルがドル円の下落を示しているわけです。この下落による安値更新で、直近の戻り高値は2015年6月の125.859から2015年11月の123.719に下がります。

　その後は、2016年6月24日には98.907まで下落し、ここが現在までの安値で、この日は英国のＥＵ離脱が決まった日でした。ここで買い手が一気に増えたわけです。

2015年以降はもみ合っている

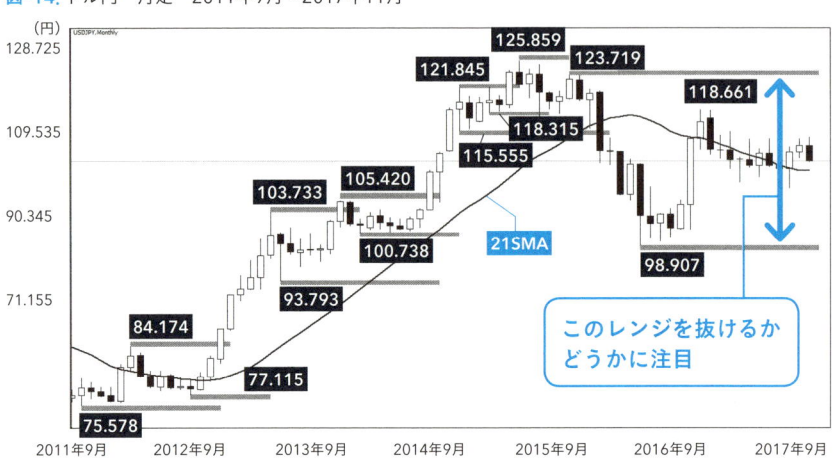

図-14. ドル円　月足　2011年9月～2017年11月

　その後は2016年１１月のトランプ大統領の当選を経て2016年12月15日に118.661までドル円は上昇しました。しかしこの高値118.661は123.719と98.907の間なので、月足ではまだ売り手と買い手の力関係はハッキリしていません。

　また月足は移動平均線（21SMA）を2016年12月に上抜けて118.661の高値を付けたので、その後は下げますが、ローソク足は月足の21SMAに絡みつつ動いていて、値動きはこう着してきました。

　よって図－14にあるように本書が発売される予定の2017年12月から2018年以降のドル円は、123.719と98.907でレンジとなっていて、どちらかを抜けるまでは、上がっては下げ、下げては上がる動きになりやすくなりそうです。

　月足で取引するトレーダーなら、トレンドが終わり取引を控える場面ですが、時間軸を変えるとチャートの景色は違ってきます。時間軸を下げた日足やそれ以下では十分に取引チャンスもあります。ただそうであっても、今回示した月足の高値と安値に接近した数円手前付近

からは注意するレベルになることに違いはありません。

　ここまで、前章のダウ理論も含めつつ、期間を２１に設定した単純移動平均線と、違う時間軸の21SMAを表示させる方法を紹介してきました。

　もちろんテクニカルが100％上手くいくわけではありませんが、使い慣れてくれば、自分はどれくらいの確率で上手くいくかもわかっているはずで、思いつきトレードや、誰かの相場観に頼るより迷うことがなくなるはずです。

　そして、テクニカルは自分だけが儲かる特別な方法を探すツールではありません。マーケットが売りか買いかどちらに傾いているかを知るためのツールです。

　売り手が多いのか、買い手が多いのかをチャートから探って、多数派についていくためにチャートを分析します。**よって、チャートが想像した通りに動かない、動くと思ったら戻ってしまった、というような場面は、マーケットが傾いてないことをまず考えるべきです。**そして、売りか買いに傾いていないマーケットでは儲けることが難しいことを知っておきましょう。

　個人投資家は都合が悪い相場は休めるので、無理やり取引をして損失を負うリスクを取るべきではありません。マーケットの動きに従うことを常に念頭に置いておくことがどんなテクニックより大事です。

移動平均線 押さえておきたい 5つのポイント

① **視覚的情報に惑わされず、基本は値動き**
ダウ理論を基準とし、テクニカル指標は補助的に使う

② **1本の移動平均線でも判断力は上がる**
取引すべきトレンドの中盤がよりわかりやすくなる

③ **複数の移動平均線で値動きを俯瞰する**
違う時間軸の21SMAを同時に表示させて、視点を複数持つ

④ **テクニカルで今後のシナリオを立てる**
移動平均線を抜けはダウ理論のトレンド転換を補強する

⑤ **迷う相場は休めるのが個人投資家の特権**
偏りがないマーケットは参加せずにチャンスを待つ

PART 5

ディナポリ

トレンドに入るタイミングがわかるディナポリ

ディナポリ・チャートは絶妙に設定されたDMAとMACDを使ったテクニカルで、使い込んでいけば誰でもトレンドが把握できるようになります。著者も毎日メルマガで解説しているお勧めのチャートです。

ディナポリ 1

特殊な移動平均線DMA

コツをつかむと使いやすいディナポリ

儲けへの道

相場歴40年のディナポリが考案

あらゆるマーケットで通用するテクニカル

　本章では「ディナポリ・チャート（以下ディナポリ）」という図−1に表示されているテクニカルを解説していきます。

　このチャートはジョー・ディナポリという米国の個人投資家が作ったテクニカルです。彼は40年以上のトレード経験を持っていますが、金融機関に勤めていた経験はありません。私たちと同じ個人投資家としてテクニカルを使ってFXや株、商品市場で取引しています。テクニカル分析でトレードするので、個別のファンダメンタルズを考慮する必要がなく、取引対象はなんでもいいわけです。

　本書で冒頭から書いているように、テクニカルは「技術」なので、習得すればFXだけでなく、あらゆる金融マーケットで利益を追求することができることをジョー・ディナポリも体現してくれています。

　彼が考案したディナポリは、「3本の移動平均線」と「MACD」、「ストキャスティックス」の3つのテクニカルを同時に表示して使うもの

ディナポリ・チャート　3つの要素

図-1. ドル円　日足　2017年9月〜11月

です。またフィボナッチを使うトレーダーとしても有名で、このチャートとフィボナッチを使うのが彼のスタイルです。

　ディナポリ・チャートは、過去MT4に定型チャートとして標準搭載されるほど有名なチャートでしたが、MT4が大幅なバージョンアップをして以降、定型ではなくなっています。

　しかし、私にとっては前章で紹介した移動平均線（21SMA）以上に収益に貢献してくれているテクニカルなので、今回紹介することにしました。普通のFXチャートでは表示できない場合もありますが、MT4であればパラメーターを調整することで簡単に表示させることができます。

　特にディナポリの移動平均線はDMAという少し特殊なものですが、この移動平均線（DMA）がとても良くできています。西原宏一メルマガでも毎日配信しているため、何年もずっと見続けているチャートです。個人投資家や初心者の人でもコツをつかむと使いやすいテクニカルなので、ディナポリに興味を持った人は、MT4を導入してみてはどうでしょうか。

ディナポリ 2

トレンドに入るタイミングをつかむ
ダウ理論と同様にトレンド・フォロー向け

儲けへの道

順張りの姿勢は一貫している

用語は後回しでいい

　ディナポリは移動平均線がDMAだったり、MACDやストキャスティックスもパラメーターを変更して一般的なものをアレンジしています。こうしたジョー・ディナポリ流のアレンジは様々なところにあります。だからこそオリジナルなテクニカルではありませんが、彼がアレンジしたチャートを一体として使う、ディナポリ・チャートとして認識されているわけです。

　彼のトレード方法は多岐にわたっており、その詳細は本を1冊使わないと説明できません。

　事実、彼のトレード方法はすでに1冊の大きな書籍として刊行されていますし、セミナーのDVDも発売されています。彼の書籍には、「スラスト」、「シングルペネトレーション」、「ダブルレポ」、「ウォッシュアンドリンス」、「ブレッドアンドバター」、「フォーカスナンバー」などなど独自の用語が多数使われていて、これらを理解して使いこなす

には時間もかかります。ただ、チャートは個人投資家でも使いやすいものですし、トレンド・フォローに徹底しているので、使い方がわかればトレンドに入るタイミングがつかみやすくなります。**特に、これまで書いてきたローソク足やダウ理論、移動平均線などを理解していれば、より効率的に使うことができる**ので、本章ではこの点を紹介していきます。

トレンド・フォローで使う

　ジョー・ディナポリの取引手法はトレンド・フォロー、つまり順張りです。マーケットが上昇するなら買い、下落するなら売る、というマーケットの流れに従うスタイルです。つまり本書で私がずっと説明してきたことと同じ取引スタイルです。100年以上前のチャールズ・ダウの頃から、マーケットで利益を得るには、このトレンド・フォローのスタイルが良いとされている投資の王道であるわけで、兼業で本業の合間にトレードする人にはより適しているはずです。

　またダウ理論のところで、フィボナッチに少し触れたのを覚えているでしょうか。ダウはトレンドの中の戻しは33％〜66％程度と言っており、これがフィボナッチ比率の38.2％や61.8％に近いとご説明しました。ジョー・ディナポリはこのフィボナッチを使うトレーダーとしても有名で、こうしたことからも彼がダウを意識しているか、ダウの教えを理解している可能性が高いと、私は思っています。**つまり、このディナポリも、本書でご説明してきた値動きやダウ理論、そしてローソク足、移動平均線と続く本書を貫く同じ考え方の態様の1つ**だということです。

> 本書ではディナポリの難しい用語は使わずに、シンプルな使い方を解説していきます

ディナポリ 3

SMAの弱点を補う移動平均線

SMAを「未来」に先行させたDMA

儲けへの道

騙しを減らすためにDMAを使う

MT4ではSMAの設定変更でDMAが使える

　ディナポリの特徴は、その移動平均線にあります。ディナポリの移動平均線は、DMAと呼ばれる、「ずらした移動平均線（Displaced Moving Average）」で、単純移動平均線（SMA）を現在より未来に先行させて表示します。これはSMAの弱点を補うためのものと説明されていますが、私にはこれがとても使いやすい移動平均線になっています。

　ディナポリ・チャートでは3本の移動平均線がどれもDMAで、3×3DMAは3SMAを3期間先行させる、という意味です。よって、この他の7×5DMAは7SMAを5期間先行させていますし、25×5DMAは25SMAを5期間先行させています。なお、表記上は全角文字で3×3DMAと表示する場合もあれば、3＊3DMAと表示される場合もありますが、意味は同じです。

移動平均線の「ずらし」方

図-2. MT4のインディケータ設定画面

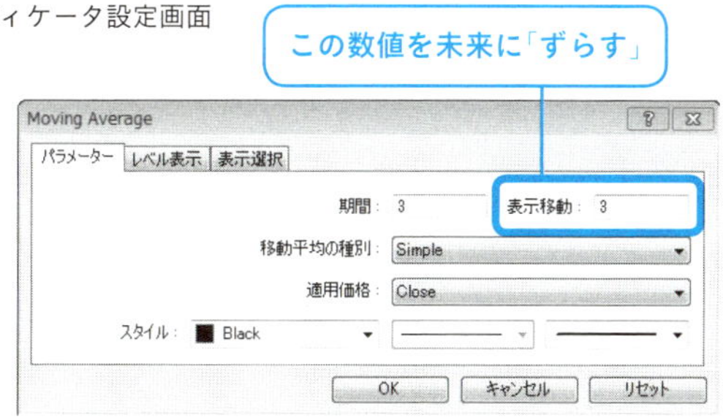

この数値を未来に「ずらす」

　MT4チャートでDMAを設定するなら、ツールバーにある「挿入(I)」を選び、その中の「インディケータ」を選択します。すると、その中から、「トレンド」の中に「MovingAverage」があり、これを開くと、細かな設定ができます（図－2）。

　ここで、「期間」と「表示移動」に数値を入れます。3×3DMAなら、期間＝3、表示移動＝3ですし、25×5DMAなら、期間＝25、表示移動＝5となります。後は他のSMAの設定と同じように、「移動平均の種別」をSimpleとし、適用価格をCloseに設定します。スタイルは色や線の種類と太さなので好みで設定できます。

SMAとの比較をしてみる

　このような設定で5SMAと5×5DMAを設定したドル円の日足チャートが図－3です。SMAを「ずらす」とどうなるのかが、わかりやすいようにディナポリの設定にはない、5SMAと5×5DMAを例にしてみます。

　チャートは本書では何度も見ている2016年の米大統領選挙前後のドル円日足です。まず5SMAと5×5DMAがまったく同じ形の曲線であることを確認してください。5SMAを右にローソク足5本分移動したのが5×5DMAで、表示位置がずれているだけで、2つの移動平均線が描く曲線はまったく同じです。その上で、まずは通常の単

騙しが減るDMA

図-3. ドル円　日足　2016年10月～12月

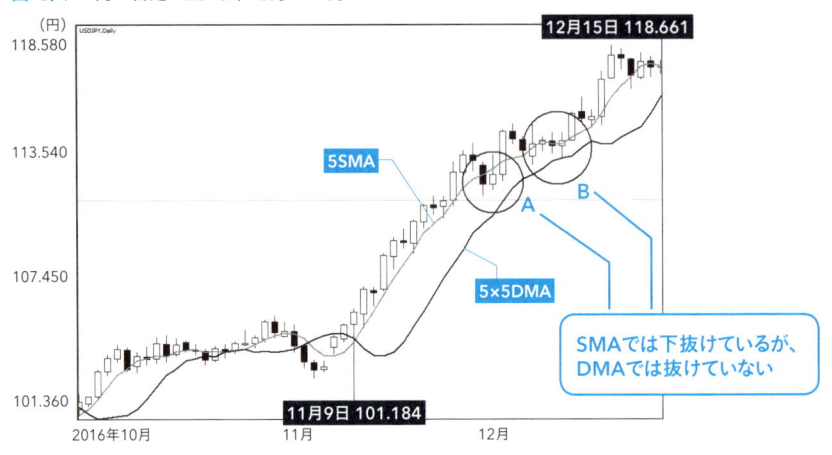

純移動平均線（SMA）からチャートを見ていきます。

　5SMAではAとBの部分でSMAを割り込む動きがあります。移動平均線は線より上側で買いが優勢、下側では売りが優勢と考えますから、

実際の設定を表示させたディナポリ・チャート

図-4. ドル円　日足　2016年10月～2017年1月

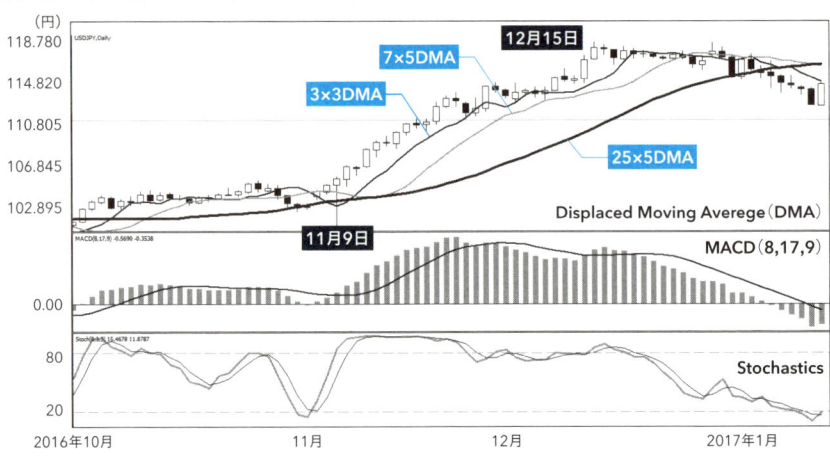

このAやBの場所では買いをやめて売りを考える必要があります。もちろんダウ理論を知った読者の方は、そうならないことを知っているはずです。AでもBでも前の安値を下抜けておらずトレンドは継続しているからです。しかしダウ理論を知らず、移動平均線だけを見ている人は、このように売りを考えざるを得ません。すると、トレーダーはテクニカル（この場合は5SMA）に騙されることになります。

こうしたテクニカルの弱点を補おうという考え方の1つがDMAです。この事例のように5×5DMAにして同じ5SMAを5期間先行させるだけで、こうしたAやBのような場面が消えて騙されにくくなります。

なお、今回はDMAの考え方を知るために、5×5DMAで説明しましたが、ディナポリ・チャートで使うパラメーターとは違います。あくまでこれは解説用であることを忘れないでください。

では、実際のディナポリ・チャートはどのようになるのかを図-4で見てみましょう。

ディナポリでは、このDMAを3本つかっています。短期の3×3DMA、中期の7×5DMA、長期の25×5DMAです。DMAですが短期、中期、長期と3本表示させるということは、移動平均線の章でも複数本を表示させたのと同じ考え方です。このときは日足21SMAを中心に、5SMA、10SMA、または長期の105SMAなどを表示する例を示しました（P137参照）。どちらも長期の示すトレンドや方向性に従いつつ、短期で取引のタイミングを測るということです。

ただ、DMAは表示位置をずらしているので、現在の値動きと表示される移動平均の位置もずれています。つまり移動平均線とローソク足の関係は、これまでの平均値と現在値という関係にはならなくなってしまいます。この点は留意してください。

ディナポリ 4

3×3DMA抜けで戦略を立てる

ダウ理論との併用で確率を高める

儲けへの道

押し目や安値を
探すツールとしても使える

安値や高値を探す3×3DMA

　ディナポリ・チャートで私が最も重視しているのが、「3×3DMA」で、高値や安値を探す際にとても便利です。

　図－5は移動平均線のところでも示したカナダ円の日足です。

　チャートに不慣れな方は、どこが高値でどこが安値かを探すのが大変です。しかし、これが重要です。最初はどれを高値や安値にするか迷います。そんな時に3×3DMAが役立ちます。

　3×3DMAはトレンド・フォローで取引するジョー・ディナポリ自身が、トレンド中の押し目安値や戻り高値を見つけやすくするためのツールなのだと思います。ダウ理論ほど厳密ではありませんが、どこらへんに高値があるか、どの辺が安値になっているかを知る方法があると便利で、その機能を3×3DMAが果たしています。

　このチャートには、21SMAも加えて表示しています。すると、21SMAのほうが当然長いスパンでの動きを示すので、21SMAで方向

視覚的に高値・安値がわかりやすい3×3DMA

図-5. カナダ円　日足　2017年

をとらえ、3×3DMAとダウ理論を使って取引をすることもできます。

　チャート左側の2月ぐらいはローソク足が21SMAを挟んで上下して方向感が弱いですが、2月28日に前の安値を下抜けてから下げる動きになっていきます。すると3×3DMAも21SMAの下側で波を打つようになり、下落の流れがハッキリしてきます。となれば、大きな流れは21SMA、小さな波を3×3DMAが示しているので、3×3DMAを下抜けるタイミングで、直近高値となる3×3DMAの上側にある高値で、かつダウ理論の戻り高値に損切りを置けば、かなり高い確率で利益を取りやすくなります。

　ただ、何度もご説明の通り、トレンドは永久には続きません。どこかで損切りさせられることは起こります。**そのとき、3×3DMAを下抜けたら売るという戦略を立てておけば、一番底の安値を売ることはなくなります。**この一番底で売ってしまうリスクがダウ理論だけでは起こり得るのですが、その前に3×3DMAを取引タイミングにすることで、これを回避しやすくなります。

ディナポリ 5

21SMAの騙しを回避する

トレンドの反転を示す25×5DMA

儲けへの道

押し目や戻りの高値安値もチェック

トレンドの転換点を探す25×5DMA

　3×3DMAがディナポリの短期移動平均線であるのに対し、25×5DMAは長期の移動平均線です。期間が25で、21SMAに近い印象を抱いた人は、テクニカルの理解が深まっている人かもしれません。実際、先ほどのカナダ円日足チャートに21SMAと25×5DMAを表示させると（図－6）、2つの移動平均線は近い位置にあります。

　表示を右にシフトしている25×5DMAは、線を大きくローソク足が上抜けたり、下抜けたりするタイミングは21SMAより遅くなります。その分、多くの人が使う21SMAの騙しを回避することができます。マーケットが21SMAを越えて動きだし、より強く動いてきてから25×5DMAを越えるような動きになりやすい設定です。

　よって、ダウ理論の高値や安値の転換点、21SMA、そして25×5DMAを抜けてマーケットが動くようなら、それまでのトレンドが転換する可能性が強くなっていると考えられるわけです。

21SMAと25×5DMA

図-6. カナダ円　日足　2017年2月〜9月

　また25×5DMAは、上位時間の3×3DMAの位置にも近づきます。つまり日足の25×5DMAは、週足の3×3DMAとほぼ同位置にあります。

　これは移動平均線の章で、日足に21SMAと、12時間足の21SMAを示す10SMA、週足の21SMAを示す105SMAを表示させた考え方と同じようなことをディナポリも考えていたと思われます。つまり複数の移動平均線を表示させ、その設定を工夫することで、1つの時間軸を見ながら複数の時間軸での値動きを見ることができる、ということです。

　実際、ユーロポンドの週足に3×3DMAを表示させたもの（図-7）と、日足に3×3DMAと25×5DMAを表示させたもの（図-8）を見比べてみると、日足25×5DMAが週足3×3DMAとほぼ同じ位置にあることがわかると思います。

　つまり日足のディナポリ・チャートで3本の移動平均線の上側や下

週足に3×3DMAを表示させたチャート

図-7. ユーロポンド　週足　2017年4月〜11月

側でローソク足の値動きが推移しているということは、週足の3×3DMAの上側や下側でも推移していて、日足のみならず週足でもサポートされている場合があり、強いトレンドに乗りやすくなるのです。

日足に3×3・25×5DMAを表示させたチャート

図-8. ユーロポンド　日足　2017年5月〜11月

ディナポリ 6

ストキャスティックスは使わない

動きに敏感に反応するディナポリMACD

儲けへの道

短期・長期EMAの差だけを見る

ディナポリ用にチューニングされたMACD

　ここまでディナポリの移動平均線ばかり見てきたので、MACDとストキャスティックスにも触れておきます。

　MACDは、2本の指数平滑移動平均線（EMA）を元にしていて、その2本の数値の差を表しています。よって短期EMAが長期に先行して上昇していれば、その差はプラスの数値ですし、下落していればマイナスになります。短期と長期がクロスするところの数値はゼロになります。MACDはこのゼロより上か下かでマーケットの流れが上昇か下落かをまず示すテクニカルです。

　通常はパラメーターとして短期12、長期26を使いますが、ディナポリは、短期を8、長期を17とする設定に変更して通常のものよりマーケットの動きに対して敏感に変化するようにしています。

　図－9には3本のDMAと2つのMACDを表示させていますが、上段はディナポリのMACDで、下段が通常のMACDです。ストキャス

159

ディナポリMACDは早めにサインが出る

図-9. ドル円　日足　2017年9月～11月

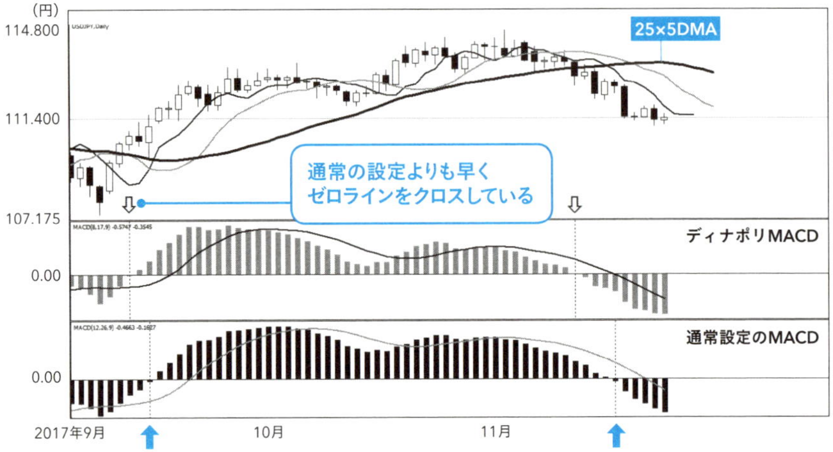

通常の設定よりも早く
ゼロラインをクロスしている

ディナポリMACD

通常設定のMACD

ティックスは消してあります。

　矢印と縦線で示した箇所を見ると、MACDのゼロラインをクロスするタイミングがディナポリMACDのほうが早いことがわかります。**つまり通常のMACDより早く転換を示す設定となっています。**

　またディナポリのMACDでゼロラインをクロスする位置は、ローソク足が25×5DMAをクロスする位置とほぼ一致していることがわかります。**つまり25×5DMAとMACDの2つが転換点であることを示しているわけです。**この点からディナポリでは、長期の流れを示す25×5DMAがトレンドを示すツールであることが推測されます。

　そしてストキャスティックスは、オシレーターに分類されるテクニカルの典型で、買われ過ぎや売られ過ぎを示すものですが、私はあまりオシレーターを信頼していません。特にFXでは値動きデータしかテクニカルの元にできないので、トレンドに乗ることを重視し、そのタイミングを測るほうがいいと思っています。**タイミングはトレンド系の移動平均線やMACDを使い慣れることで見つけるべきで、簡単に計算で出てくるオシレーターに頼るべきではない、という考えです。**

ディナポリ 7

ディナポリを加えて確率を高める

3本の移動平均線を抜けたらエントリー

儲けへの道
サインが重なると確率が高まる

ディナポリとダウ理論

　ディナポリが本書でこれまで紹介してきたことと同じスタンスであることを具体例で確認していきましょう。

　次ページの図-10のチャートはドル円の月足で、本書ではこれまでも何度か示した2011年から2017年の動きです。

　このドル円の月足にディナポリ・チャートとダウ理論の高値安値を表示させると、**ディナポリの3本の移動平均線を上抜けたAや、下抜けたBでは、その前後にダウ理論の転換点となる高値や安値があることに注目してください。**

　ディナポリも3本の移動平均線を使うので、他の移動平均線と同じように値動きやローソク足が3本の移動平均線より上になれば上昇トレンドで買いですし、下になれば下落トレンドで売りをすることになります。

　このときダウ理論の高値や安値を付けていると、Aではディナポリ

ダウ理論にディナポリを加える

図-10. ドル円　月足　2011年〜2017年

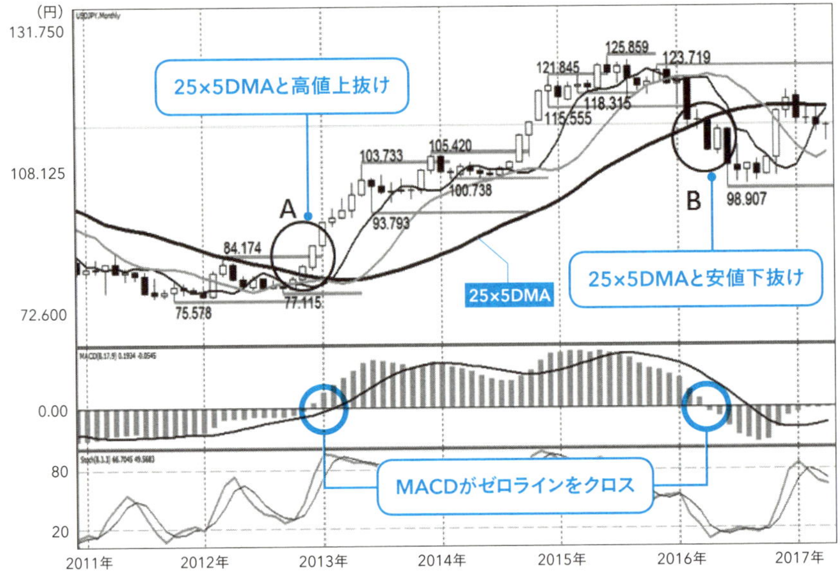

の3本の移動平均線を上抜け、その後ダウ理論の転換点である84.174の高値を上抜けて上昇トレンドがハッキリします。ディナポリとダウ理論の2つが上昇を示しているので、上昇する確率が高いわけです。

またBでは、ダウ理論の転換点となる118.315の安値か、115.555の安値を下抜けますが、この時点ではまだディナポリは月足の25×5DMAを下抜けできていません。その後25×5DMAも下抜けてディナポリの3本の移動平均線を下抜けると、こちらもダウ理論とディナポリが下落を示し下げる可能性が高まります。

またディナポリの25×5DMAは、ディナポリ設定のMACDともほぼ同じタイミングで転換を示すので、このMACDとダウ理論の転換点に注目することもできます。

これは月足なので、とても大きな動きですが、他の時間軸でも同じです。要するに、値動きや、値動きに基づくダウ理論をベースにしつ

ダウ理論よりも早くサインが出る

図-11．ドル円　4時間足　2016年11月7日～23日

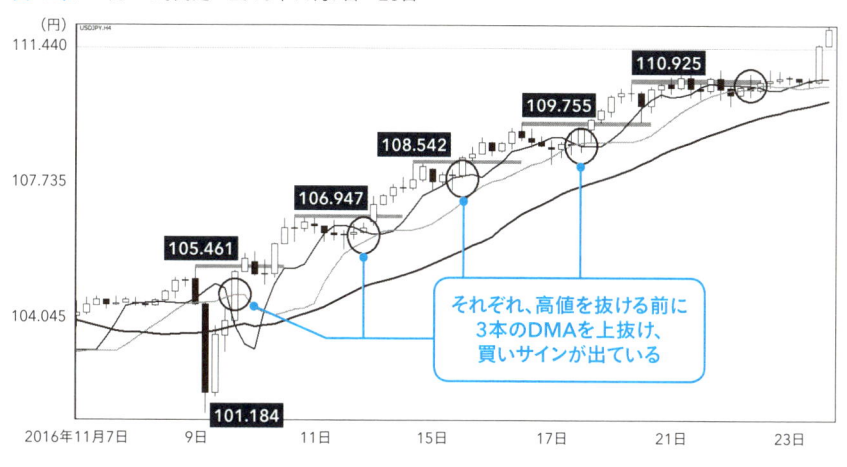

それぞれ、高値を抜ける前に3本のDMAを上抜け、買いサインが出ている

つ、ディナポリを加えて確率を高める材料とすることができます。

　ここで気づいた人もいるかもしれませんが、ディナポリとダウ理論ではエントリーのタイミングが違います。ディナポリのほうが少し早くなっています。

　図－11のチャートはドル円の4時間足で、2016年11月9日にトランプ候補の当選が判明してからの急騰相場です。これまでもご案内した101円台から12月には118円台まで急騰する動きの一部のチャートです。

　ここで注目してもらいたいのは、上昇トレンドの場合、ダウ理論は高値を越えてエントリーするのに対して、ディナポリは3本の移動平均線を上抜けるところでエントリーする点です。すると図－11のようにディナポリでは、ダウ理論の直近の高値より手前でエントリーします。

　ダウ理論を思い出してみましょう。上昇トレンドなら、高値を上抜けるまでは方向が定まらないレンジの中なので手を出さず、高値を越えて買い手が売り手より強くなったポイントでエントリーします。そ

163

してこの高値越えまではレンジの下限の安値が押し安値で、高値を越えてはじめて安値が切り上がります。

一方、ディナポリは3本の移動平均線を上抜けたらエントリーするので、ダウ理論では押し安値になっていない安値を押し安値と判断して買いエントリーします。

違いは、時間軸の見かた

ダウ理論は、値動きだけを見ているので、時間軸は１つです。日足なら日足の高値と安値で売り手と買い手の力関係を見て、どちらかが強まった時点でエントリーします。

しかしディナポリは、１つの時間軸のチャートに２つの時間軸が示されています。これは先ほどの、「３×３DMA」と「25×５DMA」の関係にあります。25×５DMAがより長い時間軸の３×３DMAを示しているので、3本の移動平均線を上抜けたり下抜けたりする、ということは、現在の時間軸の３×３DMAと、それより上の時間軸の３×３DMAの両方を上抜けたり、下抜けたりしている、ということになります。

このため、ディナポリは、より長い時間軸のサポートがあり、強いトレンドなのでダウ理論の高値や安値を越えることを待たずにエントリーすることができるわけです。

ディナポリは、ダウ理論より新しく考案されたチャートなので、ダウ理論を補う考え方がされていると思われ、移動平均線の章で複数の移動平均線を表示させたのと同じようなことが、最初から組み込まれていると推測されます。 こうした点から、私はDMAが良くできていると感じていますし、日常的に使っている理由なのです。

> ディナポリを組み合わせることでよりタイミングが取りやすくなります

ディナポリ 8

決してテクニカルは万能ではない

ディナポリが手を出さないマーケット

儲けへの道

取引する・しないのメリハリをつける

値動きチェックは必須

　ここまで解説してきたように、ディナポリは個人投資家でも使いやすく、収益につながりやすいテクニカルですが、万能ではありません。某雑誌の「FXで寝て暮らす方法」という特集でトレード成績が良かったのも、ちょうどマーケットにトレンドが発生したからです。これは当然と言えば当然で、「トレンド・フォローで取引する」ということは、「トレンドのない場面では取引しない」ということです。

　この取引する、しないのメリハリができないと、せっかくトレンド相場で利益を積み上げても、トレンドの出ていない相場で無理な取引をして損失を重ね、収益を減らすことになりかねません。

　書籍や雑誌、ブログなどのテクニカル解説は、上手くいく場面でのエントリーや決済のタイミングを説明するものがほとんどです。そうでないと正しく理解されにくいからです。私も書き手・伝え手としてその意図はよくわかります。しかし本書で冒頭から値動きに注目して

きたのは、**そもそもそうしたテクニカルが効きやすい得意な状況かどうかを判断することが最も重要だと考えているからです。**

このトレンドがあるかどうかの判断には、値動きチェックとしてダウ理論の高値や安値がどこかを意識することが必須です。

多くの個人投資家は、この基礎がないままテクニカルを使うので、収益の出入りが激しくなってしまいます。手を出すべきマーケットと、手を出してはいけないマーケットの見極めが、収益には最も重要な判断の1つなのです。

そうすると、本章のディナポリをはじめ、トレンド・フォローの取引スタイルでは、トレンドがある場面だけに専念しなくてはなりません。**ローソク足が21SMAを挟んで上下する場面や、ディナポリの3本の移動平均線の間、または3本の移動平均線が収束しているなかで、その上下に動くマーケットはトレンドがなく手を出してはいけない場面となります。**

ディナポリだけを見ていると判断に迷う

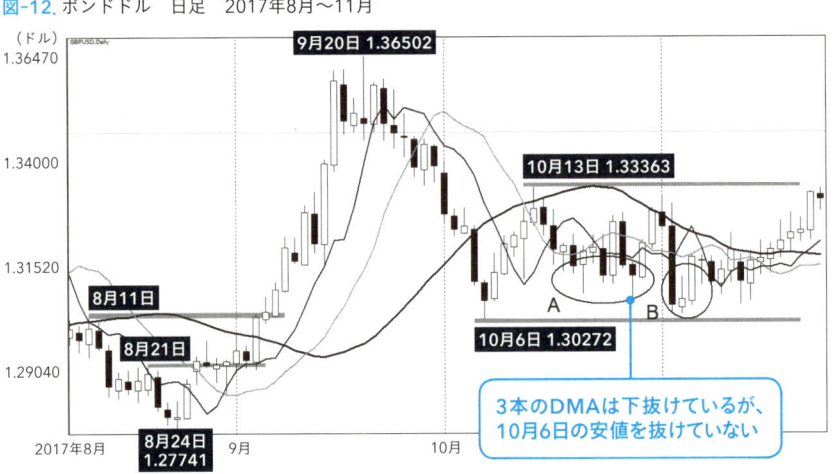

図-12. ポンドドル　日足　2017年8月〜11月

(ドル)
1.36470　9月20日 1.36502
1.34000　10月13日 1.33363
1.31520
　　　　8月11日
　　　　　　　8月21日　　　A　B
1.29040　　　　　　　　　10月6日 1.30272
2017年8月　　8月24日　　9月　　10月
　　　　　1.27741

3本のDMAは下抜けているが、10月6日の安値を抜けていない

166

図−12のチャートは、ダウ理論のところでも紹介したポンドドルの日足です。

　8月24日の安値の後、8月21日高値か8月11日高値を上抜けてポンドドルは上昇に転じます。ここがダウ理論の転換点です。また、ディナポリでも3本の移動平均線を上抜けて上昇し、その後は3×3DMAに沿った強いトレンドで9月20日高値まで上昇します。その後、10月6日安値まで下げ、ダウ理論のところではこの10月6日安値と10月13日高値で売り買いが勢力争いしている、と説明しました。

　このときにディナポリだけを見ていると、Aの部分で3本の移動平均線を下抜けるため、売りポジションを作ることになりますが、すぐに3本の移動平均線の中にローソク足が戻っていきます。

　本当に下落トレンドが発生しているのであれば、そのまま下げていかなくてはなりませんが、戻された時点で、下落トレンドではないことを考える必要が出てきます。その後もディナポリだけ見ていると、ヤキモキしながらAの部分で下げることを期待しますが、下がりません。なぜならダウ理論でご説明した10月6日安値で買い手が強まるからです。

　また同様のポイントはBにもあります。ディナポリの移動平均線はずっと25×5DMAが上値を抑えており、下方向のはずですが下がりません。

ディナポリだけを見ずに高値・安値を基準にすることが重要です

そもそもダウ理論では、10月6日安値を下抜けたら売りますし、10月13日高値を上抜けたら買いますが、その間は手を出しません。しかしディナポリでは、売りサインが出てしまいます。
　テクニカルが上手く使えないとか、騙される人の多くは、こうした高値や安値を意識していない場合が多いようです。
　このダウ理論の高値や安値、そしてそこで売り手と買い手がどう動いているかという値動きを知っておくだけでこうした無駄な損失を減らし、結果として収益を増やすことができます。

　以上はディナポリの基本的な使い方の一部で、私が日ごろ意識している点です。
　ジョー・ディナポリはフィボナッチ・トレーダーとしても有名でフィボナッチ・リトレースメントやフィボナッチ・エクスパンションも使いますし、私もメルマガではこうした数値を計算して配信しています。しかしこれらはあくまで戻りや目標値の目安に過ぎません。
　こうしたテクニカルは、トレード戦略を考える際の判断材料の1つかもしれませんが、それよりもまずは事実の値動きを見て、それに基づいて戦略を立てるほうがいいのではないでしょうか。

ディナポリ 9

日足・週足で戦略を立てる

兼業トレーダーは1日2回のチェック

儲けへの道

テクニカルで戦略的取引

兼業は小さな値動きを追わないほうがいい

　私はFX取引を収益の柱にしていますが、個人投資家の多くは本業を持ち、兼業トレーダーをしているのではないでしょうか。

　ツイッターやブログを見るとマーケットの値動きをずっと追って、短期で利益を上げる専業トレーダーが多くいますし、そうした情報を兼業トレーダーも追いかけがちですが、これはあまりお勧めしません。

　考えてもみれば、時間が十分にある専業トレーダーゆえにこうした取引スタンスが取れるのであって、時間が取りづらい兼業トレーダーとは取引スタンスが違います。スタンスが違えば、時間軸も違いますし、現実には参考になりません。むしろ自分の判断を迷わす「ノイズ」になってしまいます。

　本書で冒頭に「マーケット情報に惑わされない」、「誰かの相場観が当たるとか、このテクニカルが当たるというような考え方は、自分の技術習得につながらない」ということを書いてきたのは、こうした取

引スタンスの違いによる失敗を避けるためでもあるわけです。

　では、具体的に兼業FXトレーダーは何をすればいいのでしょうか。

　まずはチャート・チェックを1日1回か2回で済むような戦略を考えるべきです。

　1日に1回か2回のチャート・チェックで済むということは、日足を使うことになります。それ以下の時間軸ではできません。チェックする通貨ペアの数にもよりますが、本業の合間に1回30分ぐらいチャートを見ることができれば、それで十分です。もし30分もチャート・チェックをする時間がない場合は、週足にして週に数回チャートをチェックすることになります。

　チャート・チェックは、漠然とチャートを眺めるわけではありません。日足チャートで前日までの値動きから、ダウ理論でご説明した高値と安値を見つけます。

　そして本書で高値や安値にラインを引いて説明したように、自分のチャートにラインなどを引いておきます。つまり現在のローソク足の1本前までのローソク足を見て値動きをチェックし、高値安値にラインを引いて現在のレンジを確かめるということです。よって4時間足を使う人は4時間に1回か2回チェックする必要があるので、ここでは兼業の方向けに日足の例を示しています。

　チャート・チェックすると、ほとんどの場合は、現在値が高値と安値の間にあるはずです。これはトレンドで動いていても正に高値や安値を越えて動いて上昇や下落している場面以外では、値動きはいずれかの高値と安値の間にあるはずです。

　ダウ理論での説明を思い出してみましょう。慎重に高値と安値を見つけます、これが一番重要です。そして、高値のわずか上には、買い注文をオーダーし、この買い注文の損切りは安値のわずか下にセットします。同様に安値のわずか下には売り注文をセットし、損切りは高値のわずか上です。

　つまりチャート・チェックで確認した高値と安値のレンジの上と下

高値・安値の上に注文を置いておく

図-13. ポンドドル　日足　2017年8月〜11月

[チャート図:
- 9月20日 1.36502
- 8月11日 1.30299
- 9月14日 BOE
- 8月31日 1.278481
- 9月5日
- 8月24日 1.27741
- 10月13日 1.33363（高値の少し上に買い注文を置いておく）
- 10月6日 1.30272（安値の少し下に売り注文を置いておく）
- 買い執行]

に注文をセットしておきます。これは両建てではありません。レンジがどちらかに抜けるので、同時に売り買い両方の注文が執行されることはないからです。

　本書で書いてきたように、マーケットが今後どう動くかがわかる人はいません。それを決めるのはマーケットの売り手と買い手の力関係だけです。ですから、どちらに動いてもいいように両方に注文をセットしておくわけです。

　図-13のチャートは先ほども示したポンドドルの日足です。8月から9月に急騰したあと、10月は10月6日安値が底、10月13日高値が天井のレンジ相場になりました。
このレンジが上下のどちらに抜けるかは誰にもわかりません。レンジ相場ですからディナポリや21SMAのようなトレンド・フォローのテクニカルは上手く機能しないことがよく起こります。そこで、このようなレンジでは、上に買い注文、下に売り注文を置いて、マーケットが動き出したときに多数派の動きについていけるようにしておきま

す。
　10月13日以降11月23日までの間にチャートを見ると、ずっとこの高値と安値の間を推移しているので、オーダーは置いたままです。すると、11月24日にポンドドルは10月13日の高値を上抜けます。これで買い注文が執行されて買いポジションができます。損切りは10月6日安値の下にあります。
　11月25日にチャートを見ると、買い注文ができていることが確認されるはずです。あなたが仕事していようと、寝ていようと、旅行に行っていようと、ポジションは注文通りに作られます。これが兼業の方には向いているのではないでしょうか。
　この買い注文ができたことを確認したら、今度は安値が10月6日ではなくなります。これはダウ理論の通りです。そこで、まずは10月6日安値の下に置いた売り注文をキャンセルします。上方向に動き出したので、下方向の流れに備える必要はないからです。次に、買い注文の損切りを新たな安値に引き上げる設定変更します。利益確定の注文は置きません。言うまでもなく、マーケットがどこまで動くかは誰にもわからないからです。
　以後はダウ理論の通り、新たな高値ができたことで安値が切り上がれば損切り注文を引き上げていきます。こうすると損切りだった注文はいつしか買い建値を越え利益確定の注文になりますし、トレンドが続く限り利益を伸ばすことができます。

　高値と安値をいつもチェックしていると、マーケットが上昇から下落に転換する動きにも対応できます。
　図－14のチャートはドル円の日足ですが、何度も書いているようにトレンドがどこまで続くかがわかる人はいません。トレンドの高値は常に反転した場合の売り注文の損切りを置く場所になります。
　6月14日からの上昇トレンドは7月11日に高値を付けます。このときも高値と安値を把握し、安値のこのわずか下に売り注文を置いて

おけば、その後の下落トレンドを簡単に取ることができます。

また下落トレンドの過程でも、チャートのように高値と安値が移動しています。**この値動きの変化、高値安値の変化を知り、レンジが移行していくことを把握し、注文設定の変更をするために、1日に1回か2回のチャート・チェックが必要なのです。**日足でトレードするならそれで十分に利益を狙うことができます。

ただし、右端の最後の場面は丸で囲んでいるように損切りを置いている高値を上抜けたので、ここで売り注文は利益確定します。ここが下落トレンドの転換点です。同時にここには新規の買い注文が置かれているので、買いポジションができることになります。

本書で冒頭から値動きと高値安値の把握が重要とか、ダウ理論とかの地味な話をしてきたのは、これらの基礎をしっかり理解しておくことで、マーケットに張り付かなくても利益を追求できるようになることをお伝えしたかったわけです。

高値・安値の更新に連動して注文も移動させる

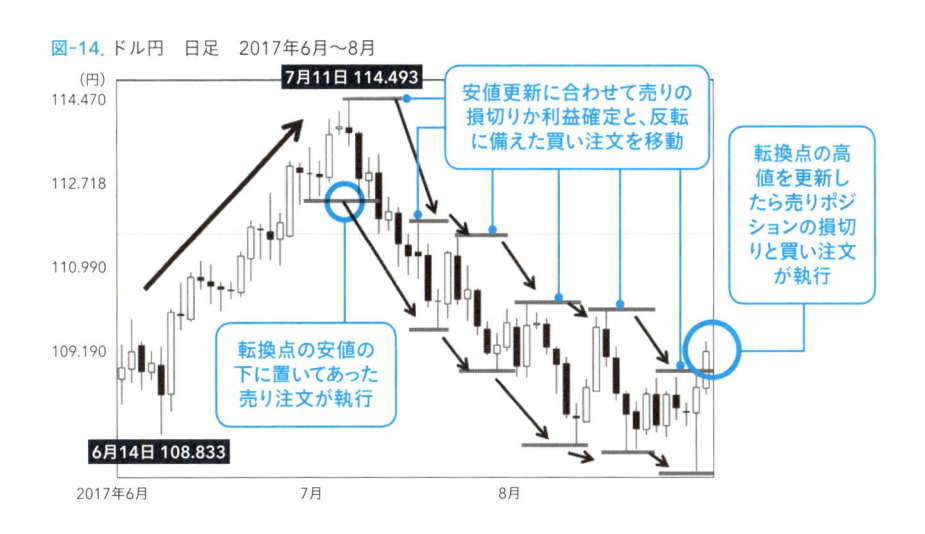

図-14. ドル円　日足　2017年6月～8月

7月11日 114.493

安値更新に合わせて売りの損切りか利益確定と、反転に備えた買い注文を移動

転換点の高値を更新したら売りポジションの損切りと買い注文が執行

転換点の安値の下に置いてあった売り注文が執行

6月14日 108.833

使いながら比較していく

　ダウ理論だけでなく、ディナポリや21SMAなど複数のテクニカルを併用したほうが判断の確率が上がります。ダウ理論は基本にして王道だと思いますが、100年以上前からのものなので、できれば他のものを加えて確率を高めるほうがお勧めです。また本章で書いているようにディナポリの移動平均線を使ったエントリーは高値や安値を越える前に起こりやすく、タイミングが早くなります。

　またディナポリの移動平均線はDMAなので、常に現在の値動きより先に先行した線が表示されています。ということは、今日、または明日3×3DMAがいくらの位置にあるのかが事前にわかっています。ダウ理論の高値と安値がチャート・チェックで数値がわかっているから注文を置くことができるように、ディナポリでも先行して表示されるDMAでそれを越える位置を把握することができるので、ここに注文を置くことができます。ただし、ディナポリの3×3DMAはローソク足3本先行しているだけですし、位置は毎日違ってきます。よって、毎日注文の数値を変更しなくてはなりません。そうした意味ではダウ理論の高値安値に注文を置くほうが簡単ですし、メンテナンスも楽ができます。この辺は、使ってみながら、自分の性格も考慮しながら、どちらのほうが使いやすいかを比較されたほうが良いでしょう。

　最後に、本書で書いた取引方法は、実際にFXをまったくやったことのない友人に実際に教えているものです。FXや金融商品の取引が初めてなばかりか、ITにも弱い人ですが、数か月間毎日高値安値をチェックすることを地道に繰り返すことで、高値や安値の位置、そして注文を置く場所がわかるようになりました。

　FXは「技術」なので、時間をかけて一生使えるマーケットから利益を得られる技術を身に着けられるよう、少しずつ前に進むのがいいのではないでしょうか。

押さえておきたい ディナポリ 5つのポイント

① **世界的ベテラン個人投資家の テクニカル・ツール**
兼業トレーダーに向くトレンド・フォローで使うテクニカル

② **先行指標となるDMAが ディナポリの真骨頂**
DMAを使えばSMAで発生する騙しを減らすことができる

③ **取引タイミングを 教えてくれる3×3DMA**
3×3DMAは高値・安値のおおよその位置を教えてくれる

④ **トレンドをサポートする 25×5DMA**
25×5DMAを抜けるとより強いトレンドを示すことが多い

⑤ **日足でゆったり1日2回の チャート・チェック**
兼業トレーダーはマーケットに張り付かない戦略を立てるべき

■著者紹介

田向宏行（たむかい　ひろゆき）

50代。専業トレーダー。個人投資家（資産非公開）。
大学卒業後、資格試験に挑戦するが挫折。就職できず仕方なく起業。事業経営の間に投資を開始。事業譲渡後の現在は個人投資家。FXは2007年から取引を開始した。
2009年ブログ虹色FXを開始（継続中）。
2010年月刊 FX攻略.com でFXコラムの連載開始（継続中）。
2011年インヴァスト証券ディーラーズ・バトルで相場観を配信開始（継続中）。
2012年西原宏一メルマガで、ディナポリ・チャートを使った相場分析を担当（継続中）。
2016年11月　テレビ東京　ワールドビジネスサテライト出演。
ＦＸや投資関連書籍の企画やラジオNIKKEIの番組制作、FXセミナーの企画構成やレポートの執筆、YenSPA！などへの寄稿など幅広く活動。
週末はテニス、平日はジムで加齢と闘う。
著書に『臆病な人でも勝てるFX入門』(池田書店)
共著に『為替51の法則』、『最短で1億円を築く FXの稼ぎ技 230 』(スタンダーズ)がある。

ブログ（虹色FX） http://maru3rd.blog85.fc2.com/
ツイッター https://twitter.com/maru3rd

1日2回のチャートチェックで手堅く勝てる兼業FX

発　　行	2017年12月27日　初版第1刷発行
著　　者	田向宏行
発行者	伊藤　滋
発行所	株式会社自由国民社
	〒171-0033　東京都豊島区高田3-10-11
	TEL 03(6233)0781(営業部)
	TEL 03(6233)0786(編集部)
チャート提供	ワイジェイFX株式会社
画像提供	fotolia
印刷所	奥村印刷株式会社
製本所	新風製本株式会社
編集協力・本文DTP	株式会社ループスプロダクション
カバーデザイン	吉村朋子

©2017　自由国民社　Tamukai Hiroyuki, Printed in Japan

落丁・乱丁本はお取り替えいたします。
本書の全部または一部の無断複製（コピー・スキャン・デジタル化等）・転訳載・引用を、著作権法上での例外を除き、禁じます。ウェブページ、ブログ等の電子メディアにおける無断転載等も同様です。これらの許諾については事前に小社までお問い合わせ下さい。
また、本書を代行業者等の第三者に依頼してスキャンやデジタル化することは、たとえ個人や家庭内の利用内であっても一切認められませんのでご注意下さい。